W0170875

N&K

ARI TURUNEN UND MARKUS PARTANEN

BITTE NACH IHNEN, MADAME

Eine kurze Geschichte
des guten Benehmens

Aus dem Finnischen
von Gabriele Schrey-Vasara

Nagel & Kimche

Der Verlag dankt
dem finnischen Literaturfonds

F I L I FINNISH
LITERATURE
EXCHANGE

für die Förderung der Übersetzung

Titel der Originalausgabe:
Ulkokultaisen käytöksen kirja eli eurooppalaisten tapojen tarina.
Verlag Atena Kustannus, Jyväskylä 2006.
© Ari Turunen & Markus Partanen

1 2 3 4 5   20 19 18 17 16

© 2016 Nagel & Kimche
im Carl Hanser Verlag München
Herstellung: Rainald Schwarz
Satz: Satz für Satz
Druck und Bindung: CPI books GmbH
ISBN 978-3-312-01001-1
Printed in Germany

MIX
Papier aus verantwortungs-
vollen Quellen
FSC
www.fsc.org
FSC® C083411

BITTE
NACH IHNEN,
MADAME

ZUM GELEIT

Dieses Buch über die äußeren Umgangsformen behandelt die Entstehung der europäischen Verhaltensregeln in verschiedenen Situationen, vom Gruß bis zum Gutenachtkuss. Die Reise durch die Geschichte der Manieren führt die Leser in eine faszinierend fremde, zugleich aber auch verstörend bekannte Welt.

Es wird sich dabei zeigen, dass man die formale Einhaltung der europäischen Benimmregeln nicht voreilig positiv bewerten sollte, denn viele Sitten, die heute als höflich gelten, haben einen fragwürdigen, wenn nicht gar skrupellosen Hintergrund. Tadelt man etwa die zur Gleichberechtigung erzogenen skandinavischen Männer dafür, dass sie nicht immer daran denken, Frauen zuerst eintreten zu lassen, so sollte man die zweifelhafte Entstehungsgeschichte dieses Brauchs nicht vergessen: Er wurde von den Rittern des Mittelalters erfunden, die befürchteten, in den verwinkelten Gängen einer Burg könnten Meuchelmörder lauern. Deshalb ließen die Ritter vorsichtshalber den Frauen den Vortritt … Auch für Manieren gilt: Nicht alles ist Gold, was glänzt.

Dennoch möchten wir unsere Leser an dieser Stelle in aller Form begrüßen und sie in unserem Buch herzlich willkommen heißen.

Helsinki, 31. Januar 2016

Ari Turunen und Markus Partanen

INHALT

EINLEITUNG

Obwohl Europa das kleinste unter allen vier Teilen der Welt ist, so ist es doch um verschiedener Ursachen willen allen übrigen vorzuziehen. (…) Die Einwohner sind von sehr guten Sitten, höflich und sinnreich in Wissenschaften und Handwerken.

Zedlers Universal-Lexikon, Band 8, Spalte 2195, 1734

Europa ist seiner terrestrischen Gliederung wie seiner kulturhistorischen und politischen Bedeutung nach unbedingt der wichtigste unter den fünf Erdtheilen, über die er in materieller, noch mehr aber in geistiger Beziehung eine höchst einflussreiche Oberherrschaft erlangt hat.

Conversations-Lexicon für die gebildeten Stände, Band 1, S. 373, 1847

DIE EUROPÄER brüsten sich seit Jahrhunderten mit ihrer Zivilisation und ihren Manieren, wie sich aus den Einträgen in den beiden deutschen Enzyklopädien schließen lässt. Europäertum war immer gleichbedeutend mit ganz bestimmten Verhaltensweisen und einer hervorragenden Kultur, die jeden Fremden beeindrucken mussten, sobald er nach Europa kam. Dieses Buch vertritt jedoch eine andere Ansicht, was die Vorzüge des Europäischen betrifft. Es kratzt frech am Glanzbild von Europa als einem Klub von Menschen, die sich richtig benehmen, bei offiziellen Essen nach allen Regeln der Kunst mit ihren Tischnachbarn plaudern, sich anständig kleiden und Wein genießen, ohne betrunken zu werden. All dies ist im Grunde noch kein gutes, sondern nur ein oberflächlich korrektes Benehmen. Bekanntlich wissen durchaus nicht alle Europäer, sich gut zu benehmen – man denke nur an Dominique Strauss-Kahn oder Silvio Berlusconi –, auch wenn sie in ihren Regierungspalästen in eleganten Anzügen formvollendete Trinksprüche ausbringen.

Dieses Buch möchte hinter die vordergründigen Posen dringen und die Frage erörtern, was gutes Benehmen eigentlich ist. Oder nein, eigentlich lautet die Frage: Gibt es überhaupt sogenannte gute Manieren, oder ist das, was wir so nennen, nur ein Mittel, alles Menschelnde zurückzudrängen, eine Art geistiger Käfig, der unser natürliches, tierhaftes Verhalten zähmt? Bevor man in der EU auf die Idee verfällt, eine Benimm-Direktive zu erlassen, ist es – nicht zuletzt in therapeutischer Hinsicht – ratsam, die Entstehungsgeschichte der europäischen Manieren zu untersuchen und die vermeintliche Tugendhaftigkeit so mancher strengen Benimmregel zu hinterfragen.

In den oben zitierten deutschen Enzyklopädien wird Europa als bedeutender und zivilisierter Kontinent hervorgehoben, als einer der vier oder (nach der Entdeckung Australiens) fünf Kontinente. Diese Gliederung der Welt hat außerhalb Europas damals Verwunderung ausgelöst. Der chinesische Historiker Xu Jiyu schrieb in seinem 1848 erschienenen Buch, die «Menschen des westlichen Ozeans» teilten die Welt gern in verschiedene Teile, die sie als *Kontinente* bezeichneten. Diese Kontinente seien *Europa*, *Afrika*, *Amerika* und *Asien*. Jiyu fährt fort, nach Ansicht der Europäer gehöre China zu «Asien». Wenn das zutreffe, müsse man darüber nachdenken, wo die Grenze zwischen Asien und Europa verlaufe, meint Jiyu, denn in seinen Augen sei Europa eher die westlichste Halbinsel Eurasiens.

Jiyus Bemerkung ist durchaus begründet, denn niemand kann eindeutig angeben, wo die Grenzen Europas verlaufen. Das ist verständlich, da Europa kein abgeschlossener Kontinent ist, sondern auf der Eurasischen Kontinentalplatte liegt. Dennoch hat man versucht, anhand geografischer und kultureller Kriterien die Ostgrenze Europas so zu definieren, dass sie entlang des Bosporus über den Kaukasus zum Ural führt. Wenn wir allerdings in Istanbul mit der Fähre in östlicher Richtung den Bosporus überqueren, werden wir mit Sicherheit keine andere Atmosphäre vorfinden als auf der westlichen Seite in den Cafés am Taksim-Platz. Es ist unmöglich, bei den östlich des Urals lebenden Russen wesentliche Verhaltensunterschiede gegenüber den westlich des Urals lebenden Russen festzustellen. Ein Nord-Ossete im Kaukasus ist nach Ansicht der europäischen Geografen Europäer, ein Süd-Ossete dagegen Asiat. Wenn der Ural oder der Kaukasus die Grenze zwischen zwei Kontinenten bildet, könnten nach derselben Logik die Rocky Mountains Nordamerika in zwei Erdteile mit sich unterschiedlich verhaltenden Amerikanern trennen.

Der Eurovision Song Contest lockt die Europäer im Norden wie im Süden in größeren Scharen vor den Fernseher als die Europawahlen, bei denen die Wahlbeteiligung erheblich niedriger liegt als bei den nationalen Parlamentswahlen. Bei dem Eurovision-Sangeswettbewerb dehnt sich Europa zudem weiter nach Süden und Osten aus als in den Schulbüchern – und erst recht weit über die EU-Grenzen hinaus. Die südlich des Kaukasus liegenden Länder Georgien, Armenien und Aserbaidschan haben, ebenso wie Israel und die Türkei, regelmäßig am Song Contest der Europäischen Rundfunkunion (EBU) teilgenommen, doch zu den Verhandlungstischen, an denen über gemeinsame europäische Angelegenheiten entschieden wird, hatten sie bisher keinen Zutritt.

Mit Ausnahme der Währungseinheit Euro sind alle mit «Euro-» beginnenden Begriffe schwammig, wenn nicht gar verworren. Wissen wir eigentlich selbst, wo wir sind, wenn wir behaupten, in Europa zu leben? Wird Europa vielleicht durch das definiert, was wir *nicht* sein wollen?

Die in Europa bewunderten Denker der Aufklärung schufen die Vorstellung von einem zivilisierten Erdteil, der als Leitstern der geistigen Entwicklung galt und sich durch seine verfeinerte Kultur vom Rest der Welt unterschied. So schrieb etwa der Philosoph und Ökonom Adam Smith, in der Praxis seien alle außereuropäischen Länder barbarisch, unzivilisiert und wild. Eines der Kennzeichen für diesen barbarischen Zustand war Smith zufolge die Tatsache, dass man in diesen Ländern nicht auf die gleiche Art Handel zu treiben verstehe wie in Europa. Die Selbstgefälligkeit der Aufklärer mag man heute belächeln, doch nach wie vor wird das Wesen Europas in Diskussionen vor allem durch das definiert, was Europa *nicht* ist. Und so werden auch die Grenzen der EU-Erweiterung bestimmt.

Die Philosophen der Aufklärung hatten mit ihrer Diskriminierung anderer Völker freilich nichts Neues erfunden, denn seit je grenzen sich alle menschlichen Gemeinschaften sowohl von den Tieren als auch von Menschen außerhalb ihrer Gemeinschaft ab. Alle Gesellschaften neigen auch unbewusst oder unverhohlen dazu, die Bedeutung des Begriffs «Mensch» auf die Mitglieder der eigenen Gruppe zu begrenzen: Man meint, die Außenstehenden seien andersartig, unzivilisiert oder gar roh und tierisch, was in ihrem schlechten Benehmen zum Ausdruck komme. Mensch-Sein bedeutet, sich anständig zu benehmen, die richtigen Gesten zu machen und die richtigen Worte auf die richtige Art zu sagen.

Der Gedanke, die eigene Kultur sei in jeder Hinsicht besser als irgendeine andere, ist uralt. Schon die alten Ägypter unterschieden sich ihrer eigenen Ansicht nach durch ihre Selbstdisziplin von anderen Völkern. Auf die alten Griechen geht der Begriff «Barbar» zurück: Fremde Sprachen klangen in ihren Ohren wie Hundegebell (*barbar*), und daraus schlossen sie, dass die Ausländer auf derselben Entwicklungsstufe stünden wie Hunde.

Auch die Inder bezeichneten Fremde mit dem Terminus *barbara*, und dieses Schimpfwort hat eine ähnliche Etymologie wie bei den Griechen: Es wurde für Menschen verwendet, die kein Sanskrit sprachen; als *barbara* wurde ein stotternder Ausländer bezeichnet, in dessen Sprache es zahlreiche r-Laute gab. Bald wurde das Wort auch zum Synonym für Ausdrücke wie «Clown» oder «Holzkopf». Frankreich hütet bekanntlich seine Kultur durch die Sprache. Diese wird mitunter mit einer Vehemenz verteidigt, die man außerhalb Frankreichs nahezu als rassistisch empfindet. Das französische Wort *barbarisme* veranschaulicht bis heute diese uralte

Denkweise: Es ist die Bezeichnung für einen groben sprachlichen Fehler.

Es scheint für alle Kulturen typisch zu sein, Ausländer als minderwertig abzustempeln, weil sie «unsere» Sprache nicht beherrschen. Die Slawen nannten die Germanen «die Sprachlosen», und die Maya in Mittelamerika bezeichneten Nachbarstämme als «Stotterer». Auch nach Ansicht der Azteken waren diejenigen, die nicht ihre Sprache sprachen, Barbaren und Wilde.

Noch gewichtigere Gründe für die Verachtung von Ausländern waren jedoch deren Verhaltensweise und Aussehen. Beispielsweise meinten die Chinesen, die Europäer seien unzivilisiert und benähmen sich so schlecht, dass sie sich kaum gegenseitig ertrügen. In der Südsee wurden die Europäer *cookies* genannt, nach Kapitän Cook. Die Polynesier hielten die Europäer für «rothaarige und großnasige Barbaren».

SCHEIN UND SEIN IN EUROPA

Die Definition des Europäischen wird auch nicht gerade einfacher, wenn wir anstelle von äußerlichen Merkmalen und Sprachen sogenannte «höhere» kulturelle Eigenschaften heranziehen. Das heutige Europäertum ist ein Mosaik aus nationalen Identitäten, die zusammengehalten werden von ... ja, von was? Von etwas, das man nicht genau zu benennen weiß. In zahlreichen Studien und Seminaren wurde bereits nach der gemeinsamen «europäischen Identität» geforscht, ohne dass man sich auf eine Antwort einigen konnte.

Auch der Begriff der jeweiligen «nationalen Identität» ist schon unscharf, schließlich bestehen die europäischen Gesellschaften zunehmend aus einem Gemenge unterschiedlicher Subkulturen. Historisch gesehen sind die nationalen Identitäten mit der Entstehung der europäischen Nationalstaaten in der Neuzeit verbunden: Als Bausteine der nationalen Identität fungierten unter anderem die gemeinsame Sprache, gemeinsame nationale Symbole und Zeichensysteme, die Volkssagen, der Volkscharakter sowie gemeinsame Verhaltenstendenzen und -gewohnheiten, auch gemeinsame Manieren.

Die Multikulturalität Europas hat durch die steigende Migration und die jüngsten Flüchtlingsströme weiter zugenommen. Sie wirft komplexe, politisch gefärbte Fragen auf, die gemeinsam, bedachtsam und sorgfältig beantwortet werden müssen. Die Einstellung zur Migration ist jedoch auch mit vielen Emotionen verbunden. Die Eigenheiten und das Verhalten von Menschen aus fremden Kulturen werden als bedrohlich empfunden, und man fordert von den Neuankömmlingen, dass sie sich den «Landessitten» anpassen. Viele Sozialphilosophen, darunter der Franzose Paul Ricœur, haben über die Empfindungen geschrieben, die die Begegnung mit der Multikulturalität bei manchen Menschen auslöst: Sie fürchten um den Erhalt ihrer eigenen Kultur und fühlen sich deshalb bedroht.

Diese Furcht ist jedoch nichts Neues unter dem Himmel Europas, denn schon seit dem Mittelalter gab es, sowohl zwischen verschiedenen Völkerschaften als auch zwischen den Angehörigen eines Volkes, immer wieder das Bestreben, eine scharfe Trennung zwischen den eigenen Gebräuchen und denen der «anderen» zu machen. Deshalb waren auch «richtiges» Verhalten und die Befolgung allgemein akzeptierter Benimmregeln immer wichtig. Schon Jahrhunderte vor der Entstehung der Nationalstaaten und des staatlichen Gewaltmonopols zähmten die Menschen in Europa ihre Aggressivität und ihre Ängste durch die Reglementierung des Verhaltens. So sind zum Beispiel viele heute selbstverständliche Grußrituale aus Gesten entstanden, die signalisierten, dass man nicht in feindlicher Absicht kam oder dass man keine Waffe bei sich trug.

Eine einheitliche Verhaltensnorm unter den Menschen erscheint zwar wünschenswert, ist aber durchaus keine Garantie für ein harmonisches und konfliktfreies Zusammenleben – das lehrt uns zumindest die Geschichte. Mit der Definition des «richtigen» Benehmens verband sich eben auch der Wunsch, deutliche Grenzen zwischen Menschengruppen und Gesellschaftsklassen zu errichten, so im 17. Jahrhundert zwischen dem höfischen Adel und dem aufsteigenden Bürgertum. Das Beherrschen gesellschaftlicher Manieren kann also durchaus als zweischneidiges Schwert gelten.

Dieses Buch enthält zahlreiche Beispiele, die zeigen, wie fragwürdig manche so alltäglichen, ursprünglich auf den europäischen Hofadel und die Bildungsschicht zurückgehenden Manieren sind. Tatsächlich wurde auch schon früh Kritik an den Benimmregeln geübt. Im 18. Jahrhundert kritisierte zum Beispiel der französische Graf Mirabeau die Etikette am Hof von Versailles als reine Äußerlichkeit. Mirabeau war der Ansicht, die Gelehrten seiner Zeit würden die Zivilisation falsch verstehen: Sie sprächen von der Verfeinerung der Verhaltensweisen und von Höflichkeit, doch seien diese Phänomene nur eine tugendhafte Maske, nicht das wahre Gesicht der Tugend. Mirabeau zufolge verändert die Zivilisation die Gesellschaft nicht im Geringsten, wenn sie sich nicht auch auf den Kern der Tugenden und auf die Ideale der Menschen auswirkt. Mirabeaus Kritik erwuchs daraus, dass die Verhaltensweisen am französischen Hof ein Teil des sozialen Spiels geworden waren, zu dem außerdem elegante Kleidung, Parfüm, Puder und Perücken gehörten. Alles – auch die Manieren – berührte nur die Oberfläche, wie man heute sagen würde. Dennoch verfolgten das restliche Europa und die Menschen außerhalb des Hofs das Schauspiel, das Versailles ihnen bot, mit Bewunderung und ahmten es nach.

Im 18. Jahrhundert war das auf Sitten und Bräuche gemünzte Wort «Zivilisation» für manche bereits zum Schimpfwort geworden, und zum Beispiel Voltaire betrachtete die Zivilisation als gekünstelt im Gegensatz zur natürlichen Höflichkeit. Der Philosoph Pascal merkte zynisch an, man müsse zivilisiertes Benehmen einfach deshalb akzeptieren, weil es üblich sei, nicht etwa deshalb, weil es vernünftig oder gerecht wäre. Die Scheinheiligkeit guten Benehmens wurde auch schon früh völlig bewusst anerkannt, wie aus der Anleitung für den Kirchgang hervorgeht, die der Franzose Antoine de Courtin 1671 verfasste: «Wenn man aus mangelnder Gläubigkeit oder Trägheit vergisst oder keinen Wert darauf legt, vor Gott niederzuknien, sollte man es dennoch tun wegen der Schicklichkeit und auch deshalb, weil man in der Kirche hochrangige Menschen antreffen kann.» Nach de Courtin ging solche Heuchelei also durchaus als schickliches Verhalten durch.

Über das Benehmen werden seit je auch innerhalb einer Kultur Grenzen zwischen verschiedenen Gesellschaftsschichten gezogen. Die adligen Stände Europas entwickelten nicht zuletzt deshalb kultivierte Manieren, um sich von den anderen Ständen und der Landbevölkerung abzuheben. Entsprechend wurde der überwiegende Teil der Manierenbücher des 16. und 17. Jahrhunderts im Hinblick auf die höfische Erziehung verfasst (so *Der Hofmann* von Baldassare Castiglione 1527, der *Galateus* von Giovanni Della Casa 1558, das *Neue Büchlein von der Höflichkeit* von Antoine de Courtin und andere). Die Angehörigen der niederen Stände galten als tierhaft und wurden häufig als Esel oder Affen dargestellt. Eine solche Einstellung dokumentieren viele Gemälde von Hieronymus Bosch und Pieter Brueghel, die das einfache Volk und den Alltag ihrer Zeit offen und ungeschönt darstellen: An oder unter den Tischen sieht man Menschen ihren Rausch ausschlafen, und häufig herrscht eine tierische Karnevalsstimmung.

Die allmähliche Verbreitung der Etikette in den unteren Schichten der Gesellschaft nagte dann auch am Selbstwertgefühl des Hofes, und schon Ende des 17. Jahrhunderts erschienen Werke, in denen erörtert wurde, inwiefern die guten Manieren des Hofes besser seien als diejenigen des Bürgertums. Auch wenn die heutige Gesellschaft im alltäglichen Leben bedeutend «demokratischer» ist als im Mittelalter oder zu Beginn der Neuzeit, lassen sich verschiedene Mechanismen der Distinktion auch heute noch in vielen urbanen Sitten entdecken. War im 17. Jahrhundert der französische Hof richtungweisend, so dient als ein gewisses Modell heute die amerikanische Highschool, deren Werte ihre Zöglinge, die Erfinder der sozialen Medien, in der Welt verbreiten. Durch die sozialen Medien wiederum entsteht der Druck, beliebt, attraktiv und interessant zu sein. Normalität, Bescheidenheit und Stille werden in dieser Welt nicht geschätzt; vielmehr geben Berater sogar Hinweise, wie man sein Profil in den sozialen Medien durch professionelle und ansprechende Fotos verbessern kann. Der äußere Anschein und der Stil sind entscheidend – ob es sich um einen gezwungen lächelnden Freund auf Facebook handelt oder um einen Höfling mit Perücke in Versailles.

Als wichtige Inspiration für dieses Buch darf das Hauptwerk des Soziologen Norbert Elias gelten, die in den dreißiger Jahren verfasste Studie *Über den Prozess der Zivilisation*. In Elias' Zivilisationstheorie geht es darum, wie der Mensch, insbesondere der europäische Mensch, im Lauf der Zeit einen strikten Verhaltenskodex entwickelt hat: Die schäbige Seite des menschlichen Wesens, das triebhafte Verhalten, hat sich als kontinuierlicher Risikofaktor im Leben menschlicher Gemeinschaften entpuppt. Da der Mensch seinen natürlichen Bedürfnissen und Körperfunktionen unterworfen ist, begann man, diese Bedürfnisse zu kontrollieren, indem man Verhaltensnormen schuf. So gerieten die Gewaltbereitschaft des Menschen, seine Sexualität, die Tischsitten und alle Körpersekrete bis hin zu den Tränen unter ständige Beobachtung.

Elias ging es mit seiner Studie darum, den Prozess der «Selbstzivilisation» der europäischen Kultur transparent zu machen und aufzuzeigen, dass die Zivilisation nichts «Naturgegebenes» ist, denn er glaubte, dass viele Menschen ihr so eingeschüchtert begegneten wie die Völker des Mittelalters unerklärlichen Naturkräften. Es ist leicht, Elias hierin zuzustimmen, denn einem bekannten Spruch zufolge ist gutes Benehmen im besten Fall so selbstverständlich, dass der Einzelne es sich gar nicht bewusst macht. Andererseits kann die Befolgung unbewusster Regeln zu psychischen Konflikten führen, worauf die Populärpsychologie immer wieder hinweist.

Unbewusste Regeln des menschlichen Verhaltens hat vor allem der britische Zoologe und Verhaltensforscher Desmond Morris analysiert. Er interessiert sich für das, was die Menschen tatsächlich tun, nicht für das, was sie zu tun behaupten. Auf die Kritik, er sehe beim Menschen nur zahllose «tierische» Gefühle, entgegnet Morris, unser Verhalten sei nun einmal Teil unseres tierischen Erbes. Benimmbücher können seiner Ansicht nach nichts dagegen ausrichten: Unser Verhalten habe sich im Lauf der Zeit nicht wesentlich verändert, denn der Mensch als Spezies habe immer dieselben emotionalen Bedürfnisse und dieselben Mittel, sie auszudrücken.

Höfliche Verbeugungen und Knickse zum Beispiel gehen in diesem Sinne eher auf unser biologisches Erbe zurück als auf die Aneignung bestimmter Sitten: Bei Tieren haben eine kauernde Haltung und ein gesenkter Kopf die Funktion, die Wut des Anführers der Herde zu beschwichtigen sowie sich klein und damit weniger bedrohlich zu machen. Ebenso verbeugen sich die Menschen vor hochrangigen Herrschern oder knien vor ihnen nieder, um ihre Untertänigkeit zu demonstrieren.

Die Ausdrucksmittel der nonverbalen Kommunikation, die in unserer Körpersprache sichtbar werden – also Gesten, Mimik und Haltung –, sind somit ein biologisches, instinktives Verhalten, das man durch bestimmte Regeln zu kontrollieren und zu normieren versucht. Der Mensch gibt natürlich ungern zu, dass mindestens einige seiner Verhaltensmuster mit denen wilder Tiere identisch sind. Eher will man durch Zivilisiertheit und Manieren zeigen und unterstreichen, wie «weit weg» vom Tier sich der Mensch entwickelt hat.

ERASMUS VON ROTTERDAM –
DER VATER
DER EUROPÄISCHEN MANIEREN

Das Benimmbuch *De civilitate morum puerilium* (*Zuchtbüchlein vor die Jungen knaben*) des niederländischen Humanisten Erasmus von Rotterdam aus dem Jahr 1530 ist in vielerlei Hinsicht ein Meilenstein in der Geschichte der europäischen Verhaltenskultur, denn es ist einer der ersten Vertreter des Genres und sicher der erfolgreichste aller Zeiten. Bereits Ende des 17. Jahrhunderts wusste die Enzyklopädie der Académie Française zu berichten, dass für einen Menschen, der an seinen alltäglichen Pflichten scheitert, die Redewendung geprägt wurde, er habe «das Zuchtbüchlein des Erasmus nicht gelesen».

Erasmus schrieb sein schmales Büchlein ursprünglich als Leitfaden für die Erziehung des jungen Heinrich aus dem Burgunder Fürstenhaus, doch schon bald nach dem Erscheinen des Ratgebers zeigte sich, wie sehr dieser Themenkreis die europäische Oberschicht interessierte: Als Erasmus 1536 starb, war sein Werk bereits in der dreißigsten Auflage erschienen, und im 18. Jahrhundert erreichte die Zahl der lateinischen Auflagen bereits hundertunddreißig. Sein Benimmbuch wurde bald an den Schulen ganz Europas zum Lehrbuch für die Erziehung von Jungen. In englischer Übersetzung erschien es nur wenige Jahre später als das Original. Es wurde nicht nur in mehrere Sprachen übersetzt, sondern auch von zahlreichen Autoren unter eigenem Namen plagiiert.

Das Benimmbuch des Erasmus war ein Erfolg, weil es einem großen gesellschaftlichen Bedarf entsprach. Im ausgehenden Mittelalter und der beginnenden Neuzeit wurden gute Manieren zu einem wichtigen Instrument der sozialen Distinktion, und das Werk des Erasmus war ein hervorragender Leitfaden für «zivilisiertes» Benehmen. Durch ihn erhielt der lateinische Begriff *civilitas* eine neue Bedeutung, die später im Selbstverständnis der europäischen Gesellschaft eine zentrale Rolle spielte – eben das «zivilisierte Benehmen». In vielen Sprachen bildete sich dafür ein entsprechendes Wort: im Französischen *civilité*, im Englischen *civility*, im Italienischen *civiltà* und im Deutschen *Zivilität*.

Die Wichtigkeit von Erasmus und seinem Benimmbuch zeigt sich darin, dass die heutigen guten Manieren just in jenem «Zivilisationsprozess» entstanden sind, der zu seiner Zeit begann und bis heute anhält. Die Entwicklung verlief dabei nicht ohne Unterbrechungen, und es gab immer auch regionale Unterschiede, doch im Lauf der Zeit wurde die Grundlage des «richtigen Benehmens» so alltäglich, dass man ihre Existenz heute nicht einmal mehr wahrnimmt. Deshalb ist es in vielerlei Hinsicht erhellend, den kleinen Ratgeber von Erasmus – dem wichtigsten Geburtshelfer unserer heutigen Manieren – etwas genauer zu betrachten. Wir werden in der Folge immer wieder Zitate aus Erasmus' Buch anführen und analysieren, doch an dieser Stelle sei das «Zuchtbüchlein» generell vorgestellt.

Das knapp fünfzig Seiten umfassende Opus besteht aus drei Teilen. Im ersten Teil behandelt Erasmus das «gesittete» Äußere – etwa die Mimik, das Lachen, aber auch Spucken und Schneuzen – und gibt anschließend Anweisungen zu den «anderen äußeren Körperteilen», etwa zur richtigen Haltung und zur Verrichtung der natürlichen Bedürfnisse. Der kürzere zweite Teil des Buches widmet sich der Kleidungsfrage. Im dritten Teil schreibt Erasmus über das Verhalten in der Kirche, worauf der umfangreichste Abschnitt des Buches folgt, ein Kapitel über die Tischsitten. Es schließen sich ein Kapitel über die Gesten beim Grüßen und im Gespräch an, einige Ratschläge zu Spielen sowie ein kurzes Kapitel über das Verhalten in der Schlafkammer.

Viele Anweisungen, die Erasmus in seinem Ratgeber an-
führt, sind heute Verhaltensgrundregeln, die man bereits
als kleines Kind lernt. Besonders die von Erasmus empfohle-
nen Tischsitten gelten größtenteils noch heute. Es gibt freilich auch Abweichungen: Wohl niemand würde heute noch
raten: «Wenn du etwas genommen hast, was du nicht her-
unterschlucken kannst, wende dich ab und wirf es heimlich
fort.» Das Buch gibt auch zu intimen Themen wie Stuhlgang oder Erbrechen Ratschläge, die man heute in der frühen Kindheit im Familienkreis erhält und nicht mehr in
Benimmbüchern findet. Und manche Empfehlungen betref-
fen Verhaltensweisen, deren Bedeutung sich dem heutigen
Leser nicht mehr sogleich erschließt. Worauf mag Erasmus
wohl anspielen, wenn er darlegt: «Bey den Wahlen tretten
etliche mit dem einen fuß auff den andern un stehen also
schier auff einen fuß alleine wie die Störch, un das sol wol
stehn, ob es jungen knaben gezym, das weis ich nicht»?

Gute Manieren mochten anfangs eine Methode der adligen Stände sein, sich vom gemeinen Volk abzuheben –
Erasmus von Rotterdam zielte jedoch auf etwas anderes ab,
als er vor mehr als 450 Jahren schrieb: «Und die das glück
zu gemeyne geringe leut und bauren gemacht hat, die sollen
sich dester mehr bevleyssen, das sie dasselbige mit guten sitten eynbringen.» Mit anderen Worten: Erasmus' Benimmbuch war insofern außergewöhnlich, als seine Lehren sich
nicht exklusiv an einen bestimmten Stand richteten. In Italien und vor allem in Frankreich waren die Benimmbücher
sonst eindeutig für die Belehrung des Adels konzipiert (selbst
wenn sie Erasmus wörtlich zitierten). In Deutschland wurde
die Zivilisation von Anfang an etwas «demokratischer» aufgefasst als in anderen Teilen Europas, doch auch hier dauerte
es lange, bis Autoren von Benimmbüchern fähig waren, sich
Erasmus' klassenneutrale Haltung zu eigen zu machen.

Aber auch wegen seines gemäßigten Tonfalls ist der Ratgeber des Erasmus einzigartig. Der Humanist schilderte nämlich eher sachlich, wie Kinder sich in verschiedenen Situationen verhalten sollten, als dass er strenge Anweisungen für «richtiges» Benehmen gab. Nach Erasmus' Ansicht sollte die Erziehung zu guten Manieren in der konstruktiven Atmosphäre der Familie stattfinden. In anderen alten, für den Schulgebrauch vorgesehenen Benimmbüchern begegnet einem hingegen ein völlig anderer, schroffer Befehlston, selbst da, wo sie Erasmus' Ratschläge übernehmen.

Das vorliegende Buch schließt sich insofern dem Klassiker des Erasmus von Rotterdam an, als es im Folgenden verschiedene Lebensbereiche vom Aufwachen und Aufstehen bis zum Schlafengehen behandelt. Aber anders als in den althergebrachten Benimmratgebern soll hier auch – und vor allem – unter den Teppich Gekehrtes hervorgeholt werden.

I
HALTUNG
UND
KÖRPERSPRACHE

So soll auch einer vom Adel oder auch sonst erbarer Mann nit über die gassen lauffen noch alzu sehr eilen, dieweil solchs einem Lackeien und nicht einem fürnemen Man gebüret. Und ohne das begibt es sich, daß in solchem lauffen einer vermüdet, schnaubet, keichet, schwitzet und so zu sagen nach dem athem schnappet, welche ding alle fürnemmen Leuten übel anstehen. Man sol auch hinwiderumb nit gar zu langsam und wie man sagt fuß für fuß gehen wie eine prächtige Matron oder junge Braut. Auch stehets übel, wenn man im gehn alzu grosse schrit thut und sich alzu sehr außbreitet. Zu dem sol man im gehn nicht wackeln noch die hände niderhangen lassen noch die arm hin und wider schlenckern, gleich als wenn ein Baur auff dem acker Habern seete.

So seind auch etliche die im gehen die füß so hoch aufheben wie ein Klöpper, der sich wofür schewet, diß scheinet ob einer die füsse auß einem scheffel zöge. Andere tretten so hart zu, daß es thrönet und auch ein wagen nicht viel härter gehen könte. Ein anderer schlenckert einen fuß seitwerts auß wie ein schlahend pferd. Ein anderer stösset die schenckel im gehen zusamen. Ein anderer bücket sich umb den andern schritt, die beinkleider auffzuziehen.

Giovanni Della Casa, *Galateo* 1558

DELLA CASAS Benimmregeln zeigen, dass das Wesen eines Menschen weitgehend über seine äußere Erscheinung gedeutet und definiert wird. Oft lassen wir uns mehr vom Aussehen unseres Gegenübers überzeugen als von seinen Worten. Wir suchen Informationen über die anderen in ihrer Miene, ihren Gebärden und ihrem Tonfall. Tatsächlich sind der Begriff «Körpersprache», *body language*, und die Erforschung der nonverbalen Kommunikation nur moderne Versionen von Phänomenen, die in menschlichen Gemeinschaften seit jeher anzutreffen sind.

Bereits in der Antike wurde das körpersprachliche Verhalten normiert. Der niederländische Historiker Jan Bremmer hat untersucht, wie ein mustergültiger Bürger im alten Griechenland aussah und welche Werte mit dem öffentlichen Auftreten verknüpft waren. Man achtete zum Beispiel auf den Gang, bei dem lange Schritte von Vorteil waren. Als Vorbild dienten die Soldaten, zu deren einschüchternder Erscheinung ein kraftvolles Auftreten auf dem Schlachtfeld gehörte. Die Soldaten, die am höchsten geschätzte Gesellschaftsschicht, bewegten sich auch im zivilen Leben ihrer Rolle gemäß und vermittelten den anderen Bürgern den «richtigen» Gang – nur Frauen trippelten mit kurzen Schritten. Einige Dichter äußerten freilich Kritik an den langen Schritten und dem großspurigen Auftreten der Soldaten, das man Bremmer zufolge mit dem heutigen «Machismus» vergleichen kann.

Im 6. Jahrhundert v. Chr. verkehrte sich die Norm in ihr Gegenteil; nun war langsames und ruhiges Gehen das Ideal. Dieser Wandel erklärt sich daraus, dass die Soldatenklasse im demokratisierten Athen ihre führende Stellung verloren hatte. Hinweise auf dieses neue Ideal finden sich unter anderem in den Werken von Platon und Aristoteles; in der *Ni-komachischen Ethik* des Letzteren heißt es zum Beispiel aus-drücklich, dass die Eigenart, langsam zu gehen, das Kenn-zeichen einer «großen Seele» sei. Zwar wurden in manchen Komödien Männer, die in langer Tunika ruhig einhergingen, als unmännlich und als passive Homosexuelle dargestellt, doch alles in allem wurde ein bedächtiger und freundlicher Habitus zur allgemeinen Norm. In den antiken Tragödien findet sich die griechische Selbstbeherrschung der Rück-sichtslosigkeit von Ausländern und Fremden gegenüber-gestellt. Von einer ähnlichen Polarisierung «Wir und die anderen», die sich über mehr oder weniger kontrolliertes Verhalten ausdrückt, zeugt auch die altägyptische Kunst. Und im Römischen Reich gehörte das gemächliche Voran-schreiten zu den Eigenschaften freier Bürger – nur die Skla-ven liefen in Eile.

Im Griechenland achtete man indessen nicht nur auf die Gehweise. Die Götter- und Heldenstatuen aus der frühen, vom Soldatenethos geprägten Epoche sind stehende Figu-ren. Erst um das Jahr 600 v. Chr. entstanden die ersten Sta-tuen von sitzenden Göttern. Um die gleiche Zeit wurden erstmals auch Menschen der Oberschicht in sitzender Hal-tung abgebildet: Das Ideal der Bedächtigkeit gebot, etwa beim Essen zu sitzen oder zu liegen. Dazu brauchte man allerdings einen Stuhl oder eine andere geeignete Unterlage, denn auf blankem Boden saßen in der Antike nur die Bett-ler.

Im Griechenland der Antike musste ein Bürger in der Öffentlichkeit auch seine Hände und seinen Kopf auf eine bestimmte Weise halten. Die Handflächen zu zeigen oder die Arme zu heben, galt als weibisch: Bei einem Mann sig-nalisierten diese Gesten, dass er unbewaffnet war, was mit dem Verlust der Männlichkeit gleichgesetzt wurde. In Sparta riet man zum Beispiel jungen Männern, ihre Hände in der

Kleidung zu verbergen. Die Männer sollten mit erhobenem Kopf gehen, andernfalls hätten sie Trauer oder Scham zum Ausdruck gebracht. Generell war es nur Frauen und Sklaven erlaubt, den Kopf zu senken. Der Blick musste fest und nach vorn gerichtet sein, denn Augenrollen war ein Zeichen für Verrücktheit oder Verzweiflung, zusammengekniffene Augen zeugten von Arglist, und nur passive Homosexuelle blickten sich ständig um.

Zweitausend Jahre später gab Erasmus von Rotterdam in seinem Benimmbuch einen Rat, der sich kaum von den Idealen der Antike unterschied: «Im gehen eyl nit zu sehr und gehe auch nicht zu langsam, denn das eyne thun die thörichten und das ander die faulen und schwachen.» Die Gehweise, die Erasmus empfahl, entsprach genau den Normen im antiken Griechenland. Übereinstimmungen finden sich auch in der Interpretation des Blicks: Wie in der Antike wird auch bei Erasmus Augenrollen mit Dummheit und Verrücktheit assoziiert, während zusammengekniffene oder schielende Augen von Arglist zeugen.

Dass «die Augen der Spiegel der Seele» sind, gilt also schon seit sehr langem. Dies zeigt auch die folgende Auflistung, nach der Erasmus offenbar das ganze Spektrum der menschlichen Natur an den Augen zu erkennen glaubte:

So sol ein junger Knabe freundliche, schamhafftige Augen haben und sol nicht saur, wie die Tyrannen, nit furwitzig wie die Unverschämten pflegen, sehen. Er sol auch die Augen nicht hin und widder wie ein Thor bewegen, noch auff eyn Seyten wie die Argdechtigen oder Hinterlistigen sehen, darzu sol er sie auch nicht wie die Narren alzu sehr weyt auffsperren noch zu sehr wie die Unbestendigen plintzen. (...) Er sol auch nit zu ernst sehen, welchs sonst anzeichnung gibet, das einer zornig sey, und letztlich gehöret es einem züchtigen Knaben zu, das er nicht viel mit den Augen wie die unzüchtigen Weiber wincke. Sondern das er mit

eusserlichem Gesichte ein auffgericht züchtig Gemüt anzeige,
denn es ja nicht vergebens von den alten Weisen gesagt ist, das die
Augen des Gemüts Wonung sein sollen.

GESTEN
ALS MERKMALE DES
CHARAKTERS
UND DER KLASSE

Die nonverbale Kommunikation des menschlichen Körpers nimmt unsere Aufmerksamkeit permanent gefangen, ob wir uns dessen bewusst sind oder nicht. Wir beobachten unablässig die Körpersprache unserer Mitmenschen, die Veränderungen in ihrer Mimik, Gestik und Körperhaltung. Beispielsweise sind das Runzeln oder Hochziehen der Brauen und das Zusammenkneifen der Augen ein für alle Primaten typisches Verhaltensmuster, mit dem unter anderem Angriffslust demonstriert wird. Auf aggressives Starren reagiert man, indem man entweder zurückstarrt und die Herausforderung annimmt oder demütig den Kopf senkt.

Es handelt sich durchaus um bewusste Signale. Zum Beispiel markieren Blicke bei allen sozialen Begegnungen die Hackordnung. Die Subalternen sehen die Höhergestellten an, die ihrerseits Menschen von niedrigerem Rang keines Blickes würdigen und so weiter. Im 17. Jahrhundert achtete man ganz besonders auf die Gestik und Mimik der verschiedenen Stände. Der Gesichtsausdruck musste dem jeweiligen Beruf oder der Rangordnung entsprechen. Offiziere, Richter und Lehrer hatten streng und drohend auszusehen. Nur Angehörige des Hofes durften fröhlich sein. Ein Kapitel für sich bildete das einfache Volk, dem eine für die besseren Stände ungehörige, gewissermaßen «unanständige» Schlaffheit attestiert wurde.

Im Bereich der Körpersprache und der gesamten Attitüde betonen die Benimmbücher seit Jahrhunderten die Bedeutung einer aufrechten Haltung. Die Verfasserin eines modernen finnischen Benimmbuchs ist der Ansicht, der entscheidende Faktor für den Gesamteindruck eines Menschen sei die straffe Haltung, welche «geistige Größe, Entschlossenheit, gute Laune und Erfolg» signalisiere:

Ein gebeugter Mensch vermittelt seinen Mitmenschen absichtlich oder unabsichtlich, dass er keine Kraft oder keine Lust hat, für irgendetwas Interesse aufzubringen. Es ist völlig nebensächlich, wie elegant dieser Krummrückige gekleidet ist, denn auf den Gesamteindruck, den er macht, wirkt sich die Kleidung kaum aus. Die Körperhaltung ist oft eine genaue Widerspiegelung der seelischen Verfassung und des Charakters.

Helena Tuomi-Nikula, *Käytösopas (Benimmratgeber)*, 1981

Manche glauben also, die bereits aus der Entfernung wahrgenommene Körperhaltung könne das Innerste eines Menschen offenbaren – in die Augen brauche man ihm gar nicht zu blicken. Eine aufrechte Haltung signalisiert jedoch nicht nur «Entschlossenheit und gute Laune», sondern auch Macht und Aggressivität. Sie wird mit einer dominierenden Stellung verbunden, während eine schlechte Haltung als Zeichen für den Verlust dieser Stellung verstanden wird.

Jemandem in aufrechter Haltung den Rücken zuzukehren, ist bis heute eine unverzeihliche Schroffheit, weil es eine aktive, abwehrende Geste ist. Aus diesem Grund mussten die Untertanen sich früher unter Verbeugungen und rückwärts vom König entfernen. Wenn man jemandem den Rücken zukehrt und diesen gleichzeitig strafft, signalisiert man dadurch, dass sich der Körper auf einen Akt der Gewalt vorbereitet. Daher werden Soldaten darauf gedrillt, den Rücken steif durchzudrücken, damit sie selbst in entspannten Situationen latent aggressiv wirken.

In einem finnischen Etiketteführer für Männer wird ausdrücklich betont, dass ein Mann am Esstisch einen militärisch straffen Eindruck vermitteln sollte. In allen gesellschaftlichen Situationen müsse man auf die Haltung achten:

Bei Tisch sitzt man gerade und aufrecht, ohne sich zurückzulehnen und die Beine auszustrecken. Man stützt sich auch nicht mit den Ellbogen auf den Tisch, sondern verlässt sich ganz auf das eigene Rückgrat.
Miehen etikettikirja (Etiketteführer für den Herrn), 1965

In einem Reglement der französischen Armee vom Anfang des 17. Jahrhunderts wurden die Kriterien definiert, nach denen die wehrtauglichen Individuen auszuwählen waren. Diese Kriterien erinnern deutlich an den mustergültigen Mann des oben zitierten Etiketteratgebers: Lebhaftigkeit und Wachsamkeit, aufrechte Haltung, hohe Brust, breite Schultern, lange Arme, kräftige Finger, ein kleiner Bauch, starke Schenkel und trockene Füße, denn «ein solcher Mann ist gewiss wendig und stark». Als Lanzenträger musste der Soldat dann im Takt marschieren, um möglichst stilvoll und unerschütterlich zu wirken.

Eine militärisch straffe Haltung war lange das allgemeine Ideal. In der zweiten Hälfte des 19. Jahrhunderts gab es in Frankreich eine regelrechte Haltungskampagne: Die Männer wurden darauf getrimmt, den Gürtel enger zu schnallen, den Bauch einzuziehen und die Brust vorzuwölben; für die richtige Haltung der Frauen sorgte das Korsett, das allerdings fast immer auch eine Rückgratverkrümmung verursachte. Bisweilen wurde auch schwereres Geschütz aufgefahren: Mütter aus den höchsten Schichten korrigierten die

Haltung ihrer heiratsfähigen Töchter mit harten Metallstreben, damit die jungen Mädchen den Idealen der Zeit entsprachen. In den Schulen achteten die Lehrer darauf, ihren Schülern die schlechte Haltung auszutreiben, die von Müßiggang und Faulheit zeugte.

Schlaffheit wurde durch Turnen und Sport bekämpft. Das Bild des munteren, aufrechten und gesunden Pfadfinders spiegelt die Epoche, in der dieses Ideal entstand, haargenau wider. Eine schlechte Haltung galt im England des 19. Jahrhunderts als psychisches Problem, als Depression. Die Depression, im eigentlichen Wortsinn eine «Niederdrückung», zeigte sich in der äußeren Erscheinung des Menschen in Form von Schlaffheit und Muskelschwäche, die wiederum auf eine Verringerung der Nervenkraft zurückgeführt wurde.

Heutzutage würde man eine schlechte Haltung wohl vor allem als physiologisches Problem betrachten, nicht als «falsches» Benehmen oder als Zeichen geistiger Ermüdung. Dennoch haben etwa die finnischen Benimmbücher lange betont, dass bei einer guten äußeren Erscheinung Kraft, Zielstrebigkeit und eine geradezu militärische Disziplin zum Ausdruck kommen sollte. Es erscheint ironisch, dass eine so aggressive Körperhaltung in Benimmbüchern des 20. Jahrhunderts als Tugend gilt, wo doch schon im antiken Griechenland die Friedfertigkeit das Soldatenethos als Modell öffentlichen Auftretens ablöste und bereits im 16. Jahrhundert Erasmus von Rotterdam in seinem Benimmbüchlein davor warnte, einen zu aggressiven Eindruck zu erwecken. Vermutlich wurden in keinem anderen europäischen Land außer Finnland noch in den sechziger Jahren des vergangenen Jahrhunderts erwachsene Männer ermahnt, im Alltag auf der Straße in militärisch-preußischem Gleichschritt zu marschieren.

Aber auch die Körpergröße spielt eine Rolle. Es ist durchaus bezeichnend für die Art, wie wir unsere Rudelführer bewerten, dass die Durchschnittsgröße der Präsidenten und Premierminister in Europa und den USA für die Gründung einer Basketballmannschaft ausreichen würde. Unter den französischen Präsidenten maßen zum Beispiel Valéry Giscard d'Estaing 1,89 m, Georges Pompidou 1,81 m und Charles de Gaulle 1,96 m. Bundeskanzler Helmut Kohl war nur drei Zentimeter kleiner als de Gaulle. Viele britische Premierminister waren mehr als 1,80 m groß: James Callaghan 1,85, Edward Heath 1,83, John Major 1,80, Tony Blair 1,83 und David Cameron 1,85 m. Die Körpergröße aller amerikanischen Präsidenten von Nixon bis Obama liegt auf der Skala 1,82–1,88 m. Unter den demokratisch gewählten Staatsmännern bilden Nicolas Sarkozy und Silvio Berlusconi mit 1,65 m eine Ausnahme. Die gleiche Größe wie Berlusconi und Sarkozy hatten Stalin und Lenin.

Die Wähler sind der Ansicht, dass hochgewachsene Politiker am besten für Führungspositionen geeignet seien, behauptet eine amerikanische Untersuchung, für die 457 Studierende aus allen Teilen der Vereinigten Staaten befragt wurden. Ihnen wurde die Frage vorgelegt, wer die ideale Führungspersönlichkeit wäre. 64 % hielten eine überdurchschnittlich große Person für besonders geeignet. Nach Ansicht der amerikanischen Psychologen Gregg Murray und J. David Schmitz beruht diese Auffassung auf der uralten Wertschätzung physisch starker Anführer, die ihre Gegner niederwerfen konnten.

Gesten und Körperhaltung sind jedoch veränderlich und äußerst kulturgebunden: Wie hätten wohl Erasmus von Rotterdam oder die finnischen Benimmgurus der sechziger Jahre den sogenannten *pimp walk* interpretiert, bei dem selbstbewusste farbige junge Männer von heute eine betont legere oder sogar träge, zugleich aber auch drohende Gehweise an den Tag legen?

II
GRUSSRITUALE

Beim Betreten eines Ladens sollten Sie immer den Verkäufer oder die Verkäuferin grüßen. Es nicht zu tun, gilt als unhöflich. Wenn die betreffende Person telefoniert, nicken Sie ihr einfach zu. Wenn Sie in Frankreich jemanden grüßen, haben Sie drei Optionen:
– Händeschütteln
– Wangenküsse
– einfach «Bonjour» sagen

Wenn die Wangenküsschen Ihnen unangenehm sind, denken Sie daran, dass Umarmungen den Franzosen ebenso unangenehm sind. In Frankreich umarmen sich Liebespaare, Familienmitglieder, manchmal auch gute Freunde, aber das war's. Die meisten Franzosen fühlen sich bedrängt, wenn Sie sie umarmen. Das gilt als zu intim.

Benjamin Houy, *The Art of French Greetings*,
auf: frenchtogether.com

NATÜRLICH MÖCHTEN alle gewandt und stilsicher auftreten, wie es die Benimmbücher uns einflüstern, doch der historische Hintergrund der verschiedenen Grußformen lässt die «Liebenswürdigkeit» des Grüßens oftmals in einem ganz anderen Licht erscheinen. Viele von uns heben automatisch die rechte Hand, wenn sie einem Bekannten begegnen. Dieser Brauch geht auf die römischen Soldaten zurück, die ihre rechte Hand hoben, um zu zeigen, dass sie darin keine Waffe hielten.

Auch das Händeschütteln hat denselben Ursprung: Indem man einem anderen die Hand reichte, wollte man ursprünglich zeigen, dass man nicht etwa ein Messer oder Ähnliches darin verborgen hatte. Das Händeschütteln erhielt seine heutige Funktion als Grußritual erst im Europa des 19. Jahrhunderts. Davor war es lange eine symbolträchtige Geste gewesen, die man zur Besiegelung einer Freundschaft einsetzte, bei der Beilegung von Streitigkeiten oder bei einem Handel. Daher stammt auch die bekannte Formulierung «Hand drauf», die noch heute mit dem Handschlag verbunden ist.

Auch die Geste, den Hut zu ziehen, ist hintergründiger, als man gemeinhin denkt. Zu den Bräuchen der Ritter im Mittelalter gehörte es, vor dem Herrscher oder einem Freund den Helm abzunehmen, um zu demonstrieren, dass man keine feindlichen Absichten hegte: Indem er den Kopf entblößte, begab sich der Ritter in Lebensgefahr. Ein zweiter Grund für die Beliebtheit des Hutabnehmens waren die großen Epidemien vergangener Jahrhunderte, die sich durch andere Grußformen, wie Wangen- oder Handküsse, allzu leicht verbreiteten. Es war also schlicht gesünder, zum Gruß den Hut zu ziehen.

Auch das Anfeuern durch Hurrarufe war ursprünglich

alles andere als eine fröhliche Angelegenheit. Der Brauch geht auf die türkischen Janitscharen-Krieger zurück, die ihren Sultan mit Hurrarufen grüßten. Dabei handelte es sich freilich um einen Schlachtruf, der nichts anderes bedeutete als «tötet sie».

Das Grüßen diente ursprünglich der Absicherung und Gewaltvermeidung. Nach Ansicht von Desmond Morris bedeutet jede Grußsituation, so locker sie auch sein mag, eine erhöhte soziale Unberechenbarkeit: Wir wissen einfach nicht, wie sich der andere Mensch verhalten wird oder wie er sich seit der letzten Begegnung möglicherweise verändert hat. Mit dem Grüßen verbindet sich also immer ein kurzer Moment der Unsicherheit.

Norbert Elias schildert die Gefährlichkeit, Unbeherrschtheit und Impulsivität des Lebens im Mittelalter mit geradezu poetischen Worten:

(Es war) ein Dasein ohne Sicherheit, ohne allzu lange Berechnung für die Zukunft. Wer in dieser Gesellschaft nicht aus voller Kraft liebte oder hasste, wer im Spiel der Leidenschaften nicht seinen Mann stand, der mochte ins Kloster gehen, im weltlichen Leben war er ebenso verloren wie in der späteren Gesellschaft und besonders am Hofe umgekehrt derjenige, der seine Leidenschaften nicht zu zügeln, seine Affekte nicht zu verdecken und zu «zivilisieren» vermochte.

Höflichkeitsregeln und Grußrituale waren also Schutzmaßnahmen gegen Gewalt in einer gefährlichen Gesellschaft. Sie stammen aus Zeiten, in denen kein staatliches Gewaltmonopol die Kontrolle über das Alltagsleben ausübte und ein ständiger Kampf aller gegen alle herrschte. Da jeder Mitmensch entweder Freund oder Feind war, mussten die Verhaltensweisen und Gesten deutlich zeigen, zu welcher Gruppe der Betreffende gehörte.

DAS KORSETT
DER GRUSSETIKETTE

Infolge der strikten Standesgrenzen, die früher herrschten, konnte es zu einer wahren Plage werden, die «richtige» Grußkultur zu erlernen. Das Benimmbuch des Franzosen de Courtin aus dem Jahr 1671 erklärt, dass man sofort den Hut ziehen müsse, wenn man das Haus einer höhergestellten Person betrete. Wenn diese Person dann den Gast empfing, hatte dieser den Hut in die linke Hand zu nehmen und eine tiefe Verbeugung zu machen. Der Hausherr oder die Hausherrin konnten den Gast auffordern, den Hut wieder aufzusetzen, doch der Kopf musste bei der ersten sich bietenden Gelegenheit erneut entblößt werden, zum Beispiel, wenn eine höhergestellte Person sich die Nase putzte. De Courtins Buch enthielt ferner die allgemeine Regel, dass der Hut erneut zu ziehen war, nachdem der Gast gebeten worden war, ihn wieder aufzusetzen. Erst nach der zweiten Aufforderung des Hausherrn oder der Hausherrin behielt man den Hut auf.

Die Regeln des Hutabnehmens verfeinerten sich bis zur Lächerlichkeit, und vor allem Adlige waren ihnen unterworfen. Bei Hof musste man schon den Hut ziehen, wenn man einem Diener begegnete, der Speisen für den Herrscher trug. Dieselbe Geste war vor jedem Porträt des Königs zu verrichten sowie auch dann, wenn man einen Brief des Herrschers erhielt. Wenn ein Hausherr seinem Gast Essen anbot, zog er den Hut, und der Gast erwiderte sogleich die Geste. Es wird berichtet, dass der englische König Karl I. als höflicher Gentleman jedes Mal den Hut lüpfte, wenn die französische Königin ihn ansprach. Auch Frauen zogen den Hut, sofern es sich nicht um einen komplizierten, an den Haaren befestigten Kopfschmuck handelte. Die Frauen konnten jedoch auch auf andere Weise grüßen; die Grußrituale der Frauen waren unter anderem wegen der zahlreichen Knicksregeln ein kompliziertes Gebiet.

Zu Beginn der Neuzeit befolgten die europäischen Oberschichten in den verschiedenen Teilen des Kontinents ihre jeweils eigene Begrüßungs- und Abschiedsetikette, die den Adel an genau festgeschriebene Verhaltensmuster band. Die polnische Historikerin Maria Bogucka schildert das komplizierte Protokoll des Begrüßens und Verabschiedens im Polen des 16. Jahrhunderts als soziales Korsett. Den Begrüßungszeremonien wurde größte Sorgfalt gewidmet: In manchen Fällen saß ein Diener auf einem Baum vor dem Haus und behielt den Weg im Auge; wenn er nahende Besucher meldete, liefen die Hausbewohner auf den Hof und machten sich bereit für die «fröhlichen» Willkommensrituale. Das Begrüßen war jedoch noch eine leichte Angelegenheit, wenn man es mit den Abschiedsritualen der polnischen Oberschicht vergleicht: Der Hausherr pflegte zu protestieren und den Aufbruch der Gäste zu verzögern, indem er zum Beispiel ihre Pferde verstecken oder die Räder von ihren Kutschen entfernen ließ.

Die komplizierte europäische Grußkultur stieß mitunter auch auf Widerspruch. So weigerten sich etwa die englischen Quäker, sich zu verbeugen, zu knicksen, den Hut zu ziehen oder höhergestellte Personen als «Hoheit» anzusprechen, wie es Brauch war. Die Vertreter dieser puritanischen Glaubensgemeinschaft zogen es vor, sich «christlich schlicht» zu begrüßen, indem sie ihrem Gegenüber die Hand gaben. Das Händeschütteln als Grußform entstand in der geschlossenen und gleichberechtigten Quäkergemeinschaft und verbreitete sich über ihren Kreis hinaus als bevorzugte Art, Freunde und Gleichgestellte zu grüßen.

Wie zeitgebunden und veränderlich Benimmregeln sind, zeigt die Tatsache, dass im Jahr 1995, als das neugewählte fin-

nische Parlament zusammentrat, die Parlamentspräsidentin
einen Abgeordneten rügte, weil er im Plenarsaal einen Hut
trug. Im 17. Jahrhundert hätte sie die Abgeordneten ausdrücklich aufgefordert, ihre Hüte auf dem Kopf zu behalten,
denn mit Hut zu sitzen war das Vorrecht der Elite und des
Adels.

KUSSRITUALE

Die Franzosen sind berühmt für ihre Begrüßungsküsschen. Aber
nicht immer ist Küssen angebracht.
Man küsst Menschen, die man gut kennt, wie Freunde oder
Familienmitglieder. Man kann aber auch Leute küssen, die man
nicht kennt, wenn sie einen dazu auffordern. Gewöhnlich fragen
sie: «On se fait la bise?» (Küssen wir uns?) oder ergreifen einfach
die Initiative. Es ist durchaus üblich, Unbekannte zu küssen, wenn
man sich in einem formlosen Rahmen trifft.
Benjamin Huoy: *The Art of French Greetings*

Früher hielten nicht nur die «Damen der besseren Gesellschaft» den Männern ihre Wange zum Kuss hin. Im alten
Persien war es üblich, dass Männer, die der gleichen Gesellschaftsschicht angehörten, sich auf den Mund küssten, während sie den Angehörigen niedrigerer Schichten Wangenküsse verabreichten. Im Mittelalter waren auch in Europa
Wangenküsse zunächst die normale Grußform der Ritter.

Erasmus von Rotterdam bewunderte auf seiner Reise nach
England 1499 eine «Mode, die man nicht hoch genug prei-
sen kann». In einem Brief an seinen Freund Faustus An-
drelinus schilderte er, wie die Ortsansässigen einander (und
offenbar auch ihn) in allen möglichen Situationen mit Wan-

genküssen begrüßten. Abschließend schreibt er: «O Faustus, hättest du nur einmal geschmeckt, wie süß und frisch diese Küsse sind, du würdest für den Rest deines Lebens durch England reisen wollen.»

Das Küssen war im Europa des 16. Jahrhunderts Teil eines umständlichen Begrüßungsprotokolls: Zum Ritual gehörten mehrere unterschiedliche Verbeugungen, Kniefälle, Küsse und Handküsse, Händeschütteln sowie das Umarmen der Knie des anderen, sofern man eine ältere oder höhergestellte Person grüßte. Einem hochrangigen Gastgeber küsste man nicht nur die Hand, sondern auch die Brust, den Bauch, die Knie und die Füße. Die Grußkultur war also ordentlich kriecherisch. Derjenige mit dem niedrigsten Rang küsste die Füße der höherstehenden Person, der Nächste im Rangsystem den Rocksaum oder das Knie. Beispielsweise durfte ein Bischof das Knie des Papstes küssen. Auf den Kniekuss folgte in der Hierarchie der Handkuss, der also ursprünglich eine Grußsitte unter Männern war.

Im Polen des 17. Jahrhunderts verbreitete sich der Handkuss in der ganzen Gesellschaft, und es wurde obligatorisch, eine ältere oder hochrangige Person mit Handkuss zu grüßen. Die Bauern küssten sowohl ihrem Herrn als auch dessen Familienmitgliedern – selbst den Kindern – die Hand. Selbst Angehörige des niederen Adels mussten Höherrangige mit Handkuss begrüßen. Besonders die Begrüßung der Frauen durch Handkuss bürgerte sich dann dauerhaft ein; zur Erziehung der Mädchen gehörte es, dass sie lernten, wie man die Hand zum Kuss darbot.

In England hingegen umarmten und küssten sich Ende des 17. Jahrhunderts nur «Bauerntölpel». In Frankreich war die Verbindung von Umarmung und Wangenkuss als Grußform ursprünglich eine Sitte der Landarbeiter und wurde erst später Teil der urbanen Kultur – möglicherweise durch die Verstädterung der Landbevölkerung. Doch im Zuge der Urbanisierung veränderte sich der Wangenkuss: Auf dem Land wurde die emotionale Bindung zwischen den Grüßenden an der Lautstärke des dazugehörigen Geräuschs, des «Schmatzens», gemessen; in der städtischen Kultur hingegen war das Kussgeräusch verpönt – stattdessen drückte sich die jeweilige emotionale Bindung in der Anzahl der Küsse aus. Mit anderen Worten: Als der Wangenkuss in eine urbane Umgebung verpflanzt wurde, musste er «zivilisiert» werden.

Obwohl der Wangenkuss eine lange Geschichte hat, stiftet seine Verwendung als Begrüßungs- und Abschiedsgeste in manchen Kulturen immer noch Verwirrung. Der niederländische Kulturhistoriker Willem Frijhoff behauptet, dass seine Landsleute beispielsweise über die Zahl der Wangenküsse verunsichert seien: Hängt sie vom Grad der Zuneigung zwischen den Grüßenden ab oder wird sie in Benimmbüchern festgelegt?

Im Nachbarland Belgien vollziehen die Menschen den Wangenkuss mit größerer Selbstverständlichkeit als in den Niederlanden, doch aufgrund der nationalen Konflikte innerhalb des Landes findet man in Belgien zwei verschiedene Arten, sich mit Wangenkuss zu grüßen. Flamen und Wallonen, die über fast alles verschiedener Meinung sind, wollen sich auch in diesem Punkt voneinander unterscheiden: Den Flamen genügt ein Wangenkuss, während die Wallonen unbedingt drei Küsschen verteilen wollen.

Zur Etikette bei Besuchen gehört auch dies: Der Gast möge seine
schlechte Laune und Verärgerung zu Hause lassen. Während er
sich für den Besuch ankleidet, muss er sich gleichzeitig in die ange-
messene Stimmung versetzen, die Wohlwollen, Freude und spiele-
rischen Humor enthält. Er sollte lieber über erfreuliche Ereignisse
in der Welt sprechen als über düstere, unangenehme und bedrü-
ckende. Die Gäste sollten einander und den Gastgebern nur Dinge
sagen, die diese gern hören und die der Wahrheit entsprechen.
  Käytöksen kultainen kirja (Goldenes Benimmbuch), 1961

Die obige Regel dürfte in der französischen Hofkultur entstanden sein. Die Menschen, die bei Hof lebten, statteten
einander zur Aufrechterhaltung der sozialen Beziehungen
Besuche ab, deren Ablauf bis hin zur Dauer des Verweilens
genau normiert war. Aufwartungen und auch zufällige Begegnungen erforderten neben der Einhaltung der Grußre-
geln die Fähigkeit, ein freundliches Gespräch zu führen, wofür die Benimmbücher Rat boten. So führt etwa Antoine de
Courtin in seinem Buch von 1671 detailliert alle Gesprächsthemen auf, die «taktlos» seien. Mit gelehrten Menschen
dürfe man nie über Banalitäten sprechen, über komplizierte
Themen nicht mit denjenigen, für die sie zu schwierig seien.
Über persönliche oder familiäre Angelegenheiten habe man
zu schweigen. Traurige Gesprächsthemen wie Liebeskum-
mer, Gerichtsprozesse, Krieg und Tod seien unbedingt zu
meiden. Träume dürfe man nicht erklären, eigene Meinun-
gen solle man zurückhalten, andere nicht auf Fehler hinweisen und so fort.

Zur unentbehrlichen Fähigkeit an allen Höfen des westlichen Europas wurde die Schmeichelei, die dabei half, per-

sönlichere Gesprächsthemen zu umgehen. Höherstehenden redete man nach dem Munde, Ehrentitel wurden ausdrücklich genannt. Wenn man jemandem die Hand gab oder sich verbeugte, musste man beteuern, wie erfreut man sei, einer Person zu begegnen, die so viel Großartiges vollbracht habe. Gleich bei der ersten Begegnung Höflichkeiten zu äußern, war ein Mittel, um das Zusammengehörigkeitsgefühl zu stärken. Natürlich ging es dabei auch um den Ruf des Grüßenden und um seinen Rang bei Hof.

Die Kultur des Schmeichelns und der Betulichkeit verbreitete sich auch außerhalb des Hofes. Im 18. Jahrhundert beherrschten die Menschen in London und Paris die höfischen Sitten schon einwandfrei. Der Philosoph und Aufklärer Jean-Jacques Rousseau äußerte sich kritisch darüber, dass er in Paris allzu freundlich begrüßt wurde. Die Manieren der Pariser seien in keiner Weise selbstlos, sondern dienten nur dazu, den eigenen Ruf zu verbessern. Wie könne man aber sofort mit einem Menschen befreundet sein, den man nie zuvor getroffen habe? Die Sprache eines ehrlichen, aufrichtigen Menschen unterscheide sich vollkommen von den gekünstelten Höflichkeitsbezeugungen, die in der vornehmen Welt gefordert seien, schrieb Rousseau.

Bei Hof bildeten die gedrechselten Höflichkeitsbezeugungen eine natürliche Ergänzung zur prunkvollen Lebensweise, doch in Großstädten wie London oder Paris verloren die Schmeicheleien gegenüber Unbekannten bald ihre praktische Bedeutung. Die Höflichkeiten wurden zu bloßen Grußformeln, zu floskelhaften Redewendungen, die mit der Kommunikation zwischen den sich grüßenden Personen nichts mehr zu tun hatten. Aus den Phrasen und Floskeln wurde, was sie auch heute noch sind: förmliche Höflichkeiten, mit denen man ein verbindliches, alle Themen zulassendes Gespräch umgeht. Für dieses harmlose Geplauder gibt es einen treffenden englischen Ausdruck: «Smalltalk».

III
TISCHSITTEN

*Wenn man einen Toast ausbringt, wartet man, bis jeder ein
Getränk bekommen hat (ob Wein oder Mineralwasser), und
sagt dann «Prost».*

*In der deutschsprachigen Schweiz lautet der Trinkspruch
«Prost», in der französischsprachigen Schweiz «à votre santé»
oder einfach «santé», in der italienischsprachigen Schweiz
«salute».*

*Wenn der Gastgeber oder die Gastgeberin einen Toast
ausgebracht hat, sieht man ihn oder sie an und antwortet,
vorzugsweise in der örtlichen Sprache. Dann stößt man
mit allen am Tisch an, oder wenigstens mit denjenigen,
die in Reichweite sitzen. Erst danach darf man den ersten
Schluck trinken.*

Swiss Toasts, auf: etiquettescholar.com

URSPRÜNGLICH GAB es das Trankopfer, ein Gebetsritual. In der *Odyssee* wird erzählt, dass vor dem Trinken Wein auf den Boden gespritzt wurde – der erste Schluck war ein Trankopfer für die Götter. Erst danach durfte man mit der eigentlichen Mahlzeit beginnen. Zu Homers Zeiten sah das Ritual vor, dass man mit dem gefüllten Weinkelch in der Hand aufstand, zum Himmel blickte, den Kelch hob, Wein auf den Boden träufelte, betete und trank. Die Götter auf dem Olymp akzeptierten das Opfer, da die Verbindung zu ihnen bestätigt worden war. Noch heute, wenn man auf jemanden trinkt, erinnert der Ablauf an das Trankopfer. Derjenige, der den Toast ausbringt, steht auf, richtet seine Worte an den Ehrengast, und alle heben das Glas. Man bringt den Trinkspruch aus, sieht dem Angesprochenen in die Augen, verbeugt sich und trinkt. Die alte religiöse Bedeutung alkoholischer Getränke kommt in der Art des Trinkspruchs zum Ausdruck, hinter dem oft der Gedanke steht, dadurch zum Wohlergehen eines Menschen oder zum Gelingen einer Sache beizutragen. Noch im 17. Jahrhundert war es bei den schwedischen Offizieren Brauch, das Glas in einem Zug zu leeren. Wenn man auf das Wohl des Königs trank, wurden drei gefüllte Gläser gebracht, die alle geleert werden mussten. Die Zeremonie sah vor, dass das Glas zum Zeichen der Loyalität anschließend auf dem Tisch umgestülpt wurde.

Auch das zivilisierte Zuprosten hat eine weniger zivilisierte Geschichte. Ursprünglich diente das Zuprosten nämlich nur dem Zweck, zum Vollrausch zu gelangen, denn die Gläser wurden um die Wette geleert. Das Anstoßen war ein wesentlicher Teil der mittelalterlichen Trinkkultur und des geselligen Verhaltens: Auf die Gesundheit trinken, die Pflicht, einen Toast zu erwidern, Brüderschaft trinken und um die Wette trinken waren Rituale, denen man kaum entgehen konnte.

Einer frühen Glaubensvorstellung nach schlüpften die Teufel durch den Mund in den Körper des Menschen – weshalb es nicht ratsam war, den Mund zu öffnen. Erasmus von Rotterdam riet in seinem Benimmbuch beispielsweise, nach lautem, ausgedehntem Gähnen das Kreuz zu schlagen. Beim geselligen Beisammensein vertrieb man die Teufel, indem man mit den Trinkgefäßen geräuschvoll anstieß, bevor man den Mund öffnete. Der Brauch fand Gefallen und steigerte noch die Lust, zu trinken. Gewöhnlich endete das Gelage erst, wenn die Teilnehmer unter dem Tisch lagen. Jede frühere Unterbrechung galt als schwere Beleidigung der Trinkgesellschaft. Es gab nichts Kränkenderes, als die Aufforderung zum Trinken abzulehnen oder einen Toast nicht zu erwidern. Wer versuchte, sich vor dem Gelage zu drücken, wurde als feig und schwach abgestempelt.

Im Mittelalter gehörte das Trinken auch zum spirituellen Leben. Der Klerus veranstaltete in der Zeit zwischen dem Jahreswechsel und dem Dreikönigstag rituelle Trinkgelage, zu denen auch Spottmessen gehörten. In den Klöstern wurde geprasst und Alkohol im Übermaß getrunken. In einem Hirtenbrief des Bischofs von Angers aus dem 9. Jahrhundert wurde angeordnet, dass ein Pfarrherr, der sich am Esstisch

übergebe, vierzig Tage lang Buße tun müsse, ein Mönch dreißig und ein Vikar zwanzig Tage. In Frankreich feierte der Klerus noch um die Mitte des 15. Jahrhunderts das «Flaschen-
fest», das im Februar begann und bis in den Mai dauerte.
Damals gab es jährlich mehr als hundert Feiertage, so dass
immer wieder Anlass bestand, Alkohol zu trinken. Einer der
Gründe für die Bevorzugung alkoholischer Getränke war
der Mangel an sauberem Trinkwasser. Bier galt darüber hinaus als Nahrungsmittel; zum Frühstück aß man Biersuppe.
Alkohol wurde eher für gesund als für ungesund gehalten:
Im Krankenhaus von Stockholm zum Beispiel lag die Tages-
ration bei 8 Liter Bier, in Dänemark hielt man 10–15 Liter
pro Tag für empfehlenswert. Es war also kein Wunder, dass
das ständige Trinken Ödeme verursachte und dass es überall
nach Urin roch.

*Nach einem Abendessen kommt es gelegentlich vor, dass die
Mitglieder der Tischgesellschaft voneinander, vom guten Essen
und von den noch besseren Getränken so begeistert sind, dass sie
sich noch nicht trennen mögen, sondern ihr Zusammensein
irgendwo fortzusetzen beschließen. Dieser Brauch dürfte aus
Deutschland stammen (…) Hier in Finnland mangelt es unserer
Generation in solchen Situationen am inspirierenden Glanz
großer Themen. Umso überschäumender sind sie im Hinblick
auf Alkohol, Streit oder leeres Geschwätz.*
    Käytöksen kultainen kirja (Goldenes Benimmbuch), 1961

Vielleicht war die finnische Verfasserin etwas zu kategorisch
in ihrer Kritik an ihrer eigenen Zeit und in ihrem Loblied
auf die von «großen Themen» beflügelte deutsche Trinkkultur. Erasmus von Rotterdam fand jedenfalls keinen Gefallen
an den deutschen Trinksitten, und zwar genau deshalb, weil
sie übermäßigen Alkoholgenuss, Streit und Geschwätz ein-
schlossen. In seinem Buch *Diversoria* (das 1523 erschienene

Werk behandelt die Unterschiede zwischen der französischen und der deutschen Gasthauskultur) erinnert er sich an seinen Besuch in einem gewöhnlichen deutschen Landgasthaus anno 1518.

Als Erasmus das Gasthaus betrat, ließ sich niemand herbei, ihn zu begrüßen oder gar zu bedienen. Nachdem er eine Weile gerufen hatte, wurde eine kleine Klappe in der Wand geöffnet, und seine Frage wurde mit einer hochmütigen Handbewegung beantwortet. Eine richtige Waschgelegenheit gab es nicht, er musste schmutzig die große, überheizte Gaststube betreten, in der sich etwa hundert schmuddelige, stinkende Gäste aufhielten. In dieser miefigen Stube kämmte einer sein Haar, ein anderer putzte seine Stiefel, und alle spuckten auf den Boden. Der Wein war sauer, doch als Erasmus sich darüber beschwerte, riet man ihm, das Gasthaus zu wechseln, «mit einem Gesichte, als wollte man den ungebührlichen Begeerer umbringen». Erasmus zufolge betrachtete der Wirt offenbar nur adlige Männer als Menschen.

Es ist zum Verwundern, welches Schreien und Lärmen sich anhebt, wenn die Köpfe vom Trinken warm geworden sind. Keiner versteht den andern. Häufig mischen sich Possenreißer und Schalksnarren in diesen Tumult, und es ist kaum glaublich, welche Freude die Deutschen an solchen Leuten finden, die durch ihren Gesang, ihr Geschwätz und ihr Geschrei, ihre Sprünge und Prügeleien ein solches Getöse machen, dass der Stube der Einsturz droht.
Erasmus von Rotterdam, 1523, zitiert nach Egon Friedell,
Kulturgeschichte der Neuzeit

Wenn im 16. Jahrhundert abends die Tore einer deutschen Stadt geschlossen wurden und die Leute, die in den Vorstädten wohnten, auf die Straße traten, boten sie einen alles andere als zivilisierten Anblick. Die Menschen schwankten sturzbetrunken, stolperten, fielen in den Schlamm und spreizten die Beine, «als sollte zwischen diesen ein Wagen hindurchfahren», wie ein Zeitgenosse spitz bemerkte. Zügelloses Trinken war also nicht nur eine Besonderheit des Mittelalters; vielmehr nahm der Alkoholkonsum im 16. Jahrhundert in allen Gesellschaftsschichten zu. Holzschnitte aus dieser Zeit stellen das Leben des einfachen Volks unverblümt dar. Die Menschen, die sich auf den Märkten versammeln, sind darauf betrunken, und man sieht immer jemanden, der sich übergibt. Die folgende Beschreibung eines Wetttrinkens aus dem Jahr 1599 erinnert lebhaft an die Motive der Holzschnitte.

Die Trunkenbölze lassen sich mit dem Wein, den sie vor sich stehen haben, nicht ersättigen, sondern streiten mit Trinkgeschirren mit einander, wie mit Spießen und Waffen. Im Anfang tut der Fürnehmste unter ihnen einen Angriff, facht einen Umtrunk an. Über ein Kleines fährt er mit einem Trunk kreuzweise. Bald stellt man andere an, die auf allen Seiten mit Gläsern und Bechern zuschießen. Über ein Kleines kommen die Gäste und Zechbrüder selbst aneinander, Mann an Mann, Zwen an Zwen: das muß es Halb, zu Ganz, zu einem Trunk, zu einem Suff ausgesoffen sein, ohne Schnaufen und Bartwischen. (…) Und gleichwie zwei Helden an einander bestehen, also saufen diese ein Wett miteinander. Und welcher obsiegt und den Platz behält, der bringt den Preis davon. Es werden auch zu Zeiten Verehrungen und Gewinne geordnet denen, die am mehrsten saufen können.
Wolfgang Schivelbusch, *Das Paradies, der Geschmack und die Vernunft*, 1980.

Sich zu besaufen war in Europa lange vor allem ein Zeitvertreib der Stadtbewohner und der Soldaten. Im 17. Jahrhundert wurden für die jungen Offiziere in Wien eigens Instruktionen verfasst, in denen betont wurde, am Tisch des Erzherzogs müsse man vermeiden, sich zu betrinken und sich ungehobelt zu benehmen: «Präsentiert euch in sauberer Uniform, kommt nicht betrunken, trinkt nicht nach jedem Bissen, spuckt nicht auf den Teller und schlürft beim Trinken nicht wie ein Tier.»

Zu dieser Zeit veränderte sich die Einstellung des Bürgertums und der Oberschicht zum Alkohol: Übermäßiges Trinken wurde nun missbilligt. Als der Massenkonsum von Alkohol aufkam, begannen die oberen Schichten ihre Trinkgewohnheiten zu ändern. Ein ordentlicher Bürger predigte Mäßigung und trank vorwiegend im privaten Kreis. Um sich vom einfachen Volk abzugrenzen, gingen Adel und Bürgertum nun auch zu anderen Genussmitteln über, in Frankreich und England etwa zum Kaffee. Die in den Kaffeehäusern aushängenden Hausordnungen sollten den Unterschied zu Bierkellern und ähnlichen Lokalen herausstreichen. In den ersten englischen Cafés waren zum Beispiel das Fluchen, das Glücksspiel und vor allem alkoholische Getränke untersagt. Die Cafés boten stattdessen eine standesgemäße Umgebung, in der man sogar Geschäftsverhandlungen führen konnte.

Der Begriff «Alkoholismus» entstand erst Ende des 19. Jahrhunderts. Nun veränderte sich beispielsweise in Frankreich die öffentliche Wahrnehmung von Betrunkenen: Aus dem fröhlichen, rotgesichtigen und redseligen Zecher wurde ein düsterer, aggressiver und krimineller Alkoholiker. Zum Teil war diese neue Einschätzung begründet, denn die Trinkgewohnheiten der Arbeiterklasse hatten sich tatsächlich verändert – deren elende Lebensverhältnisse verleiteten dazu, die eigenen Sorgen im Schnaps zu ertränken. Andererseits handelte es sich aber auch um eine Propaganda der Oberschicht: Indem man die Trinksitten der Arbeiter als Alkoholismus klassifizierte, beanstandete man die allgemeine Morallosigkeit des Proletariats. 1873 gab es in Frankreich eine große Kampagne zur Ausmerzung des Alkoholismus unter den Arbeitern, mit der man freilich die Hoffnung verband, auch auf den Alkoholkonsum der Oberschicht Einfluss nehmen zu können. Besondere Besorgnis erregte das in großen Mengen konsumierte Lieblingsgetränk der Oberschicht, der Absinth, dem nachgesagt wurde, er zerstöre Hirnzellen und verursache Epilepsie. Auch in England wurde öffentliches Trinken nun verurteilt: Um die Mitte des 19. Jahrhunderts konnte ein «ehrbarer» Mann sich nicht mehr in Pubs blicken lassen, da diese als Arbeiterkneipen galten.

Heute verzeichnet die westliche Halbinsel Eurasiens den höchsten Alkoholkonsum weltweit. Die Europäer – also ein Achtel der Weltbevölkerung – konsumieren die Hälfte des gesamten Alkohols der Welt! An der Spitze der Statistik stehen Frankreich, Österreich, Deutschland, Ungarn, Portugal und die Schweiz. Australien und Argentinien sind die einzigen außereuropäischen Länder unter den ersten zwanzig, und in beiden Ländern hat die Mehrheit der Einwohner ihre genetischen Wurzeln in Europa.

Es gehört zum überheblichen Wesen des Menschen, dass seine Welt um die eigene Festtafel kreist. Die eigenen Trink- und Essgewohnheiten werden seit jeher als vortrefflich angesehen, während man in den Sitten der Nachbarn vulgäre oder sogar barbarische Züge zu erkennen glaubt.

Zu allen Zeiten haben aufgeblasene, hochnäsige Menschen übertriebene und boshafte Schilderungen seltsamer Trinksitten verfasst, die angeblich den fragwürdigen kulturellen Hintergrund des Trinkers sichtbar machen. Dass «wir» Regeln haben, führt uns oft zu dem Schluss, dass «sie», die anderen, keine Regeln kennen. Der «gute Geschmack» ist das Privileg der Machthabenden, und das Recht, anderen vorzuschreiben, was respektabel, modisch und stilvoll ist, gehört zum Konzept der Machtausübung. Die jeweils dominierende Kultur hat immer schon definiert, was als zulässig gilt und was nicht.

So waren unter den Franzosen besonders die urbanen

Pariser von der Trinkkultur der Bretonen in Nordfrankreich befremdet. Anders als die Pariser interessierten die Bretonen sich nämlich nicht für Distinguiertheit, Geschmacksverfeinerung und salonfähige Manieren, ganz im Gegenteil, sie fanden eher Gefallen an großen Besäufnissen, bei denen sie sich im Graben wälzten. Reisende, die im 19. Jahrhundert die Bretagne besuchten, machten sich nicht klar, dass die Ausschweifungen der Bretonen eng an bestimmte Anlässe geknüpft waren, die sich durch gemeinsames Trinken ganz bewusst vom Alltag abheben sollten. Solche Anlässe waren neben dem Karneval Hochzeiten, Beerdigungen und Markttage. Die verallgemeinernden Beobachtungen der Reisenden führten zum Erlass von Gesetzen gegen das Trinken in der Öffentlichkeit. Sie schufen zudem die stereotype Vorstellung vom versoffenen Bretonen. Verbreitet wurde dieses Klischee von den dominierenden Hauptstadtfranzosen – die mehr Alkohol konsumierten und anfälliger für Leberzirrhose waren als die Bretonen!

Reynier, ein Wissenschaftler der französischen Académie de Médecine, betrachtete Anfang des 20. Jahrhunderts die Bretonen wegen ihrer Trinkgewohnheiten als aussterbendes Volk. Richer wiederum, ein Experte für Physiologie und Psychologie, vertrat die Ansicht, dass Auswanderer – wie Iren und Polen – mehr tränken als alle anderen Europäer, um ihr Heimweh zu vergessen. In den Vereinigten Staaten gerieten vor allem die Iren in den Ruf eines trinkfreudigen Volkes.

Einer fest verwurzelten Auffassung nach trinken die Menschen umso mehr, je weiter nördlich sie leben.

«Vielleicht treibt das Klima sie zum Alkohol. Es mag sein, dass übermäßiges Trinken für Menschen, die in normalem Klima leben, schädlich ist, dass es aber in schlechtem Klima gewisse Eigenschaften belebt und in der Kälte erstarrte geistige Funktionen auftaut und in Bewegung setzt.»

Für diese aus dem 17. Jahrhundert stammenden Überlegungen des englischen Botschafters Sir William Temple über die im *kalten Klima* zum Saufen neigenden Holländer hat ein Skandinavier, der im Januarfrost vor der Kneipe raucht, nur ein müdes Lächeln übrig. Der Norden, wo immer er sich befindet, war seit jeher die mythische Wohnstätte derer, die sich mit Vorliebe einen Rausch antrinken.

MANIEREN
BEI TISCH

Swer snudet als ein wazzerdahs,
so er izzet, als etlicher phliget,
und smatzet als ein Beiersahs,
wie gar der sich der zuht verwiget.

In diu oren grifen niht enzimt
und ougen, als etlicher tuot,
swer den unflat von der nasen nimt,
so er izzet, diu driu sint niht guot.

Tannhäuser, *Hofzucht*, 13. Jahrhundert

Von dieser Art waren die Tischsitten, die der deutsche Ritter und Minnesänger Tannhäuser im 13. Jahrhundert in den Versen seiner *Hofzucht* lehrte. Zwar sind diese frühen Lehren unter Tannhäusers Namen überliefert, doch sie und andere entsprechende Verhaltensregeln des Mittelalters, die von Einzelnen schriftlich fixiert wurden, sind Fragmente einer reichen mündlichen Überlieferung.

Bücher zur höfischen Etikette waren im 12. und 13. Jahrhundert begehrt; sie entsprachen den heutigen Ratgebern vom Typ «Wie gewinne ich Freunde, Erfolg und Einfluss». Die Manierenbücher konzentrierten sich dabei vor allem auf die Tischsitten. Dem heutigen Leser mögen die Regeln naiv und einfach erscheinen, so als wären sie an Kinder gerichtet, doch man muss die damalige Ausgangssituation bedenken: Essbesteck kam gerade erst auf, die Menschen nahmen die Speisen also tatsächlich mit den Händen (oder auch mit ihrem eigenen Messer) von einer gemeinsamen großen Platte und aßen mit den Fingern. Auch der Wein wurde aus einem gemeinsamen Kelch und die Suppe aus einer gemeinsamen Schüssel getrunken.

Norbert Elias fasst die Besonderheiten der mittelalterlichen Ess- und Lebensgewohnheiten aus heutiger Sicht wie folgt zusammen:

Ihr Affekthaushalt war auf Formen der Beziehung und des Verhaltens hin konditioniert, die, entsprechend der Konditionierung in unserer Welt, heute als peinlich, mindestens als wenig anziehend empfunden werden. Was in dieser courtoisen Welt fehlte oder sich jedenfalls nicht in der gleichen Stärke ausgebildet hatte, war jene unsichtbare Mauer von Affekten, die sich gegenwärtig zwischen Körper und Körper der Menschen, zurückdrängend und trennend, zu erheben scheint, der Wall, der heute oft bereits bei der bloßen Annäherung an etwas spürbar ist, das mit Mund oder Händen eines anderen in Berührung gekommen ist (…).

In den frühen, an den Adel gerichteten Benimmbüchern werden kaum inhaltliche Begründungen für gute Tischmanieren gegeben, stattdessen findet sich immer wieder der Hinweis auf den gesellschaftlichen Kontext: «Dies gehört nicht zu den vornehmen Sitten bei Hof», «ein Mensch von edler Geburt verhält sich nicht so» und so weiter. Freilich kann man bereits in den *Hofzucht*-Versen aus dem 13. Jahrhundert zwischen den Zeilen herauslesen, dass der eigentliche Grund für die Benimmregeln der peinliche Eindruck war, den schlechtes, das heißt von der Etikette abweichendes Verhalten auf die Mitmenschen machte.

Gute Tischsitten wurden Mode: Die für Adlige verfassten Ratgeber erreichten zunehmend Beliebtheit im wohlhabender werdenden Bürgertum und im Beamtenstand. Diese Schichten wollten ihr Selbstwertgefühl stärken, indem sie sich vom gemeinen Volk abhoben, und ein Weg, dieses Ziel zu erreichen, war die Nachahmung höfischer Sitten. Später begann auch die Kirche sich für zivilisiertes Verhalten zu interessieren, und über ihre christliche Unterweisung verbreitete sie die neuen Verhaltensmuster auch im einfachen Volk. So erhielt das zivilisierte Benehmen eine christliche Grundlage.

DAS PROBLEMATISCHE ESSBESTECK

Man sol ouch ezzen alle frist
mit der hant diu entgegen ist;
sitzt der gesell ze der rehten hant,
mit der tenken iz zehant.

Tannhäuser, *Hofzucht*, 13. Jahrhundert

Diese Verhaltensregel von Tannhäuser wäre für traditionelle Muslime ein Greuel. In islamischen Ländern ist es unziemlich, mit der linken Hand zu essen: Beim Essen wird die rechte Hand benutzt, mit der linken säubert man das Hinterteil. In den westlichen Ländern wiederum gab und gibt es genaue und mitunter auch merkwürdige Regeln in Bezug auf die Essbestecke, beispielsweise darüber, wie und in welcher

Situation ein bestimmtes Besteck benutzt werden sollte. In frühen Zeiten waren Gabeln, Löffel und Messer recht problematische und gefährliche Instrumente. Zeitweise waren sie überhaupt nicht zugelassen, wie die folgende tragische Geschichte veranschaulicht.

Im 11. Jahrhundert heiratete ein venezianischer Doge eine byzantinische Prinzessin. Die Hochzeitsfeier fand im Palast des Dogen statt, und als die Prinzessin während des Festmahls eine Gabel aus der Tasche holte, waren alle schockiert. Man wusste, dass die Verwendung einer Gabel langsames Schmoren im Fegefeuer nach sich zog; deshalb durfte man dieses Besteck, das an die Forke des Teufels erinnerte, nicht benutzen. Und in der Tat erkrankte die Prinzessin schwer. Der berühmte Geistliche Bonaventura meinte später, dies sei die Strafe Gottes für die Verwendung der Teufelsforke.

Ein deutscher Pfarrer erklärte, der teuflische Charakter der Gabel sei darauf zurückzuführen, dass Gott dem Menschen Hände und Finger gegeben habe, damit er sie gebrauche. Allerdings konnte man auch die Finger beim Essen in unterschiedlicher Weise verwenden; die frühe Etikette sah vor, dass ein standesbewusster Adliger nur mit drei Fingern aß. Neben den Fingern benutzte man im Mittelalter einen Löffel, aber ausdrücklich nur *einen* Löffel, mit dem alle am Tisch der Reihe nach aus der gemeinsamen Suppenschüssel aßen. In den Benimmbüchern hieß es bereits im 13. Jahrhundert: «Schlürfe nicht, wenn du vom Löffel isst.»

Der Löffel war jedoch noch eine Rarität, ein Privileg der Adligen; das einfache Volk trank die Suppe direkt aus der gemeinsamen Schüssel. Die guten Sitten verlangten immerhin, dass man den Rand der Schüssel an der Stelle abwischte, die man mit den Lippen berührt hatte, bevor man sie dem Nächsten anbot. Ferner versuchte man, es so einzurichten, dass vorwiegend Personen, die sich kannten, aus derselben Schüssel aßen. Im 16. Jahrhundert dann erschienen in den

Benimmbüchern Ratschläge zum Gebrauch eines persönlichen Löffels. Damals tranken nur noch Ehepaare aus demselben Becher und aßen vom selben Teller, und man tunkte die Finger nicht mehr in die Soße.

Einige Essbestecke erschienen also bereits im Mittelalter auf den höfischen Esstischen, und sie hatten anfangs die gleiche Funktion wie generell die frühen Tischsitten: Sie sollten den hohen Rang ihrer Benutzer unterstreichen. Der Symbolwert des Bestecks wurde durch das Material noch betont: Beispielsweise wurden im 13. Jahrhundert Löffel aus Gold, Kristall und Koralle hergestellt. Die Gabel aus Edelmetall verbreitete sich erst im ausgehenden Mittelalter, und zwar anfänglich nur als Instrument, mit dem sich jeder seine Portion von der gemeinsamen Speise, meist vom Braten, nahm. Die Verwendung der «Teufelsforke» wurde von der Kirche in Westeuropa jedoch lange missbilligt. Noch im 16. Jahrhundert las der Prinz von Monteverdi jedes Mal drei Messen, wenn er mit der Gabel gegessen hatte. Allerdings stellte er wohl eine Ausnahme dar, denn die Gabel als persönliches Essbesteck war an den italienischen und französischen Höfen zu seiner Zeit bereits üblich. Nur erforderte es durchaus Übung, den Umgang mit dieser Neuerung zu erlernen. Vom Hof Heinrichs III., der die Gabel nach Frankreich brachte, wird erzählt, dass die Hälfte des Essens auf dem Weg vom Teller zum Mund herunterfiel, als die Höflinge den Gebrauch der Gabel übten. In England stand man der Gabel noch im 17. Jahrhundert misstrauisch gegenüber. Ein Engländer, der beim Essen regelmäßig die Gabel benutzte, wurde von seinen Landsleuten mit dem Schimpfnamen *furciferus*, Gabelträger, belegt.

DAS MESSER –
EINE WAFFE
ALS
SPEISEINSTRUMENT

Ich gebe euch einen Rat – alles, was man ohne Messer zerlegen
kann, sollte man mit der Gabel zerteilen.
Jane Aster, *The Habits of Good Society*, 1859

Das Messer ist nicht nur ein Essbesteck, sondern gegebenen-
falls auch eine Waffe. Lange Zeit wurde seine Verwendung
am Esstisch deshalb genau reglementiert – bisweilen mit ab-
surden Einschränkungen, wie der oben zitierte Rat aus einem
englischen Benimmbuch zeigt. Man könnte behaupten, dass
die Geschichte des Messers eine Geschichte wachsender
Furcht und zunehmender Restriktionen ist.

Solange die dominierende Gesellschaftsschicht die Rit-
terklasse war, die ein impulsives und gefährliches Leben
führte, gab es nur wenige Regeln über den Gebrauch des
Messers. Die Benimmregeln des Frühmittelalters verboten
lediglich, sich die Zähne mit dem Messer zu reinigen. Gegen Ende des Mittelalters verbreitete sich jedoch das Gebot,
nicht mit der Messerspitze auf sich selbst oder auf andere
zu zeigen; diese Regel macht deutlich, dass das Bewusstsein
von der Gefährlichkeit des Messers bewahrt blieb, obwohl
die eigentliche physische Bedrohung nicht mehr so groß war
wie früher.

«Richte nicht dein Messer gegen dein Gesicht, denn darin
ist viel Schrecken», heißt es in Caxtons *Book of Curtesye* vom
Ende des 15. Jahrhunderts. In der Neuzeit kamen weitere
Regeln hinzu; so enthielt der Ratgeber des Franzosen Claude
Calviac bereits den heute noch bekannten Hinweis: «Wenn
du jemandem ein Messer reichst, nimm die Spitze des Mes-

sers in die Hand und präsentiere ihm den Griff: denn es wäre nicht anständig, es anders zu machen.»

Vom 16. Jahrhundert an wurde die Verwendung des Messers durch immer «subtilere» Regeln eingeschränkt, die zum Beispiel vorschrieben, wie man das Messer in der Hand halten sollte. Sowohl durch die Entstehung des staatlichen Gewaltmonopols als auch durch die individuelle Verhaltenskontrolle – also die «guten Manieren» – wurde die Gesellschaft in der Neuzeit weitgehend befriedet, doch dessenungeachtet waren Messerregeln weiterhin notwendig. Noch Mitte des 19. Jahrhunderts rieten Benimmbücher in England, die Verwendung des Messers am Esstisch so weit wie möglich zu vermeiden.

Die Unzahl von Verboten oder regelrechten Tabus, mit denen das Messer belegt ist, sind natürlich dadurch zu erklären, dass es sich um einen gefährlichen Gegenstand, ursprünglich um eine effektive Waffe handelt. Die Einschränkungen des Messergebrauchs spiegeln die instinktive Verhaltenskontrolle innerhalb der Gesellschaft wider. Die Gefahr braucht nicht einmal real zu sein – schon die symbolische Gefährlichkeit des Messers genügt, um Furcht zu erregen. Obwohl die Erklärungen für die Messerregeln im Zuge der Tischsittenverfeinerung immer rationaler und alltäglicher wurden, steht hinter den Vorschriften immer auch ein emotionaler Faktor, ein unangenehmes Angstgefühl. Eine Gesellschaft, die sich anschickt, die realen Gefahrenmomente im Leben der Menschen einzuschränken, will auch symbolisch gefährliche Gesten und Gegenstände kontrollieren.

Die Regeln zum Gebrauch des Essbestecks, zumal des Messers, sind daher eine Art Abrüstung. Schließlich brachte noch im Mittelalter, als es keine staatliche Gewaltkontrolle gab und das Leben stark von Affekten gesteuert wurde, jeder seine eigene Waffe – das Messer – mit an den Tisch. Als der französische König im 17. Jahrhundert den Adel zwang, sich am Hof von Versailles zu versammeln, entwaffnete er damit gleichzeitig die unberechenbare Ritterschaft. Die Adligen trugen ihre Kämpfe nun auf andere Weise aus: Statt sich mit Waffen zu bekämpfen, wetteiferte man um die höchste Kultiviertheit, etwa um Belesenheit und gute Manieren.

Heutzutage gilt für die Verwendung der Essbestecke in der ganzen westlichen Welt weitgehend derselbe Standard. Vor fünfhundert Jahren aber waren die Tischsitten in den verschiedenen Ländern Europas keineswegs einheitlich. Der Franzose Claude Calviac vermerkte die Unterschiede in seinem Benimmbuch:

Die Deutschen verwenden einen Löffel, wenn sie Suppe oder eine andere flüssige Speise verzehren, die Italiener eine Gabel; die Franzosen das eine oder das andere, wie es ihnen am besten oder angenehmsten erscheint. Die Italiener möchten im Allgemeinen, dass jede Person ein eigenes Messer hat. Aber die Deutschen achten ganz besonders darauf, so sehr, dass sie es einem sehr verübeln, wenn jemand ihr Messer nimmt oder es leihen möchte. In Frankreich dagegen: Alle Personen am Tisch benutzen zwei oder drei Messer, ohne dass es Schwierigkeiten bereitet, ein Messer zu nehmen, darum zu bitten oder es weiterzureichen.

Claude Calviac, *La nouvelle civilité pour les enfants*, 1560

Interessanter als die innereuropäischen Unterschiede ist jedoch der Unterschied zwischen Europa und China. In China, dessen Zivilisation wesentlich älter ist als die europäische, verschwand das Messer vor Jahrhunderten von den Esstischen. Das Essen wird in der Küche zerlegt und zerschnitten, «hinter den Kulissen», wie Norbert Elias sagt, und bei Tisch isst man mit Stäbchen. Kein Wunder, dass die Chinesen die europäische Essweise für unzivilisiert halten. «Die Europäer sind Barbaren; sie essen mit Schwertern», sagt man in China. Die so andere Entwicklung der Tischsitten in China lässt sich daraus erklären, dass die modellgebende Oberschicht in China anders als in Europa nicht der kriegerische Ritterstand war, sondern eine weit friedlichere Gruppe, die gelehrten Beamten.

In neuerer Zeit hat sich eine andere Lockerung der Tischsitten etwa in den Fast-Food-Restaurants ergeben, wo man unter anderem die Hamburger aus der Hand isst – ohne sich für schlechte Tischsitten oder Unzivilisiertheit schämen zu müssen. Dafür lässt sich natürlich auch eine Erklärung finden: Die Speise ist bereits so weit zerkleinert, dass man beim Essen kein Messer benötigt.

DIE GLATTE OBERFLÄCHE DER ZIVILISIERTHEIT

Als die ungezügelte Lebensweise des Mittelalters einer Kultur wich, in der unbeherrschtes Verhalten und Affekte jeder Art gezähmt wurden, wurden auch die Tischsitten schärfer beobachtet. «Tierisches» Benehmen am Esstisch weckte zunehmend Ekel und Abscheu; der damit einhergehende soziale Druck bewirkte, dass jemand, der sich nicht an die Gepflogenheiten hielt, Angst und Scham empfand. Die Abneigung gegen «schlechte» Tischmanieren ritualisierte sich zur gemeinsamen Praxis, zu Verboten und Tabus, die eine neue Sensibilitätsgrenze definierten.

Die höfische Kultur in Frankreich entwickelte im 17. Jahrhundert eine extreme Empfindlichkeit hinsichtlich der Tischsitten. Der wichtigste Kontrolleur dieser Sitten war der Sonnenkönig Ludwig XIV. persönlich. Als die Gattin eines Ministers sich vordrängte, um noch vor einer Herzogin an der Tafel Platz zu nehmen, war dies dem König so unangenehm, dass er keinen Bissen zu sich nehmen wollte. Er erklärte, die unerträgliche, hochmütige und für eine Adlige völlig unfassbare Impertinenz, deren Zeuge er geworden sei, habe ihm den Appetit verschlagen. Die Herzogin und die Ministergattin mussten den erbosten König den ganzen Abend lang beschwichtigen.

Auch heute noch sind die Tischsitten ein Mittel der sozialen Distinktion. So schätzen die Menschen einander ab, indem sie zum Beispiel in vornehmen Restaurants speisen, in denen ganz bestimmte, an die höfische Etikette erinnernde Regeln gelten. Der Restaurantbesuch dient dabei nicht in erster Linie der Stillung des Hungers, hier geht es eher um Fragen des Stils und des Benimms. Das Verhalten der Kellner und der Gäste folgt einem genauen Protokoll: Gesten und Körperhaltung, die Verwendung verschiedener Essbestecke und die Sitzordnung sind strikt, aber dezent reguliert. All diese Codes des «kultivierten» Benehmens machen die Mahlzeit eher zu einem formellen als zu einem wirklichen Ereignis.

KULTIVIERTE TISCHSITTEN –
ZWINGENDE
BEGRÜNDUNGEN

Bei der Kindererziehung verwendet man noch heute Argumente, wie sie vor zweihundert Jahren bei der Verbreitung der Zivilisation üblich waren. Andererseits lernen Kinder Verhaltensweisen auch durch Nachahmung, durch das Vorbild, das ihnen die Welt der Erwachsenen gibt. Auch Erasmus von Rotterdam vertraute auf das Vorbild des Zuhauses und schrieb sein Benimmbuch nicht in dem Befehlston, den seine Nachfolger, die Verfasser von «Benimmlehrbüchern» für die Schulen der Oberschicht, anschlugen. Norbert Elias meint jedoch, Tischsitten würden immer dadurch gelernt, dass das eigene impulsive Verhalten eine Unterdrückung von außen erfährt; die meisten Kinder würden beim Heranwachsen vergessen, «dass ihre Scham- und Peinlichkeitsgefühle, ihre Lust- und Unlustempfindungen durch Druck und Zwang von außen» den Normen der Zivilisation angepasst wurden.

Das folgende Zitat zeigt, welch schulmeisterlichen Ton Jean-Baptiste de La Salle, der in Frankreich als Schutzpatron der Lehrer gilt, in seinem Benimmbuch anschlug:

Bei Tisch muss man eine Serviette, einen Teller, ein Messer, einen Löffel und eine Gabel verwenden: Es wäre ganz und gar unschicklich, beim Essen auf eines davon zu verzichten. (…) Wenn der Löffel, die Gabel oder das Messer schmutzig oder fettig sind, ist es sehr ungehörig, sie abzulecken, und es ist keinesfalls erlaubt, sie oder irgendetwas anderes am Tischtuch abzuwischen. (…) Bei Tisch darf man das Messer nicht ständig in der Hand halten; es genügt, dass man es nimmt, wenn man es verwenden will. (…) Es ist gegen die guten Sitten, die Gabel oder den Löffel mit der ganzen Hand zu halten wie einen Stock; man muss sie immer zwischen Daumen und Zeigefinger halten. Man darf nicht die Gabel benutzen, um flüssige Speisen zum Mund zu führen (…) der Löffel ist dafür gemacht, diese Speisen zu nehmen.

Jean-Baptiste de La Salle, *Les règles de la bienséance et de la civilité chrétienne*, 1729

Waren die meisten Anweisungen der Benimmexperten für die Kindererziehung in der Oberschicht konzipiert, fanden de La Salles und andere Ratgeber auch in niedrigeren Gesellschaftsschichten Verbreitung. Die Büchlein waren preiswert zu erwerben und dienten häufig als eine Art häusliches Handbuch, aus dem man erfuhr, wie man die Essbestecke verwendete und wie man sich in der Gesellschaft benehmen sollte.

Heute wird Reinlichkeit bei Tisch und andernorts mit hygienischen Argumenten begründet – soweit man sie gegenüber Erwachsenen überhaupt noch begründen muss. Doch im Mittelalter und zu Beginn der Neuzeit wusste man noch nichts von Hygiene, und die Begründungen für Sauberkeit waren deutlich anders geartet als heute. Allein deshalb, weil man im Hochmittelalter kein Besteck, sondern nur die Finger verwendete, war das Händewaschen vor dem Essen wichtig. Dies geschah am Esstisch, und das Anbieten der Waschschüssel wurde zum Höflichkeitsritual. Es galt als höflich, die Schüssel mit dem Tischnachbarn zu teilen, und noch höflicher war es, die Hände der neben einem sitzenden Person, die meist das andere Geschlecht vertrat, zu waschen. Die Waschprozedur zu verweigern galt als schwere Beleidigung.

Was nach dem Essen geschah, war hingegen zweitrangig. Es erschien überflüssig, die Hände erneut zu waschen; man leckte die fettigen Finger entweder sauber oder wischte sie an den eigenen Kleidern ab. An der Tafel des deutschen Kaisers Konrad II. im 11. Jahrhundert gestatteten die Hofdamen den Gästen, die Hände an ihren weißen Hemden abzuwischen. «Eine größere Höflichkeit ist unvorstellbar», versicherte ein Zeitgenosse.

Die persönliche Serviette kam im 15. Jahrhundert in Gebrauch, doch über ihre Verwendung bestand lange Unklarheit. So klagte etwa Erzbischof Giovanni Della Casa in seinem Benimmbuch *Galateo* über «die Säue, (...) die ihre Hände bey nahe bis an den Elbogen beschmutzen und demnach die servieten also zu richten, dass unflätige küchen oder wischlumpen viel reiner sein möchten».

*Dennoch schämen sich diese unfläter nit mit solchen besudelten
servieten ohn unterlass den schweiss abzuwischen (der dann von
wegen ihres eilenden und ubermessigen fressens von ihrem haupt
über die stirn und das angesicht bis auff den hals häufig herunter
trüppfet) ja auch wol die Nase so offt es inen gelicht darin zu
schneutzen.*

Giovanni Della Casa, *Galateo*, 1558

Erasmus von Rotterdam riet dagegen bereits, es sei unhöflich, nach dem Essen die Finger abzulecken oder an der Jacke abzuwischen.

In den heutigen Benimmführern sucht man vergeblich nach Grundregeln zum Gebrauch des Essbestecks, so tief hat der jahrhundertelange Zivilisationsprozess sie im Fundament der Kultur verankert und so sehr werden sie bereits in früher Kindheit verinnerlicht. Zudem ist die Peinlichkeitsschwelle niedriger geworden, so dass die Erwähnung «unschicklicher» Themen zunehmend Schamgefühle auslöst. Dies geht aus dem folgenden Kapitel deutlich hervor.

IV
NATÜRLICHE
BEDÜRFNISSE
UND
KÖRPERSEKRETE

FURZEN

Es sind etlich die lernen, das ein Knab den Fist verhalten solle. Es dunckt mich aber nit höfflich, das du mit zucht der gesundheit schadest. Kanstu weg kommen, so thus alleyn. Kanstu nit, so thu nach dem alten sprichwort, verdeck den furtz mit dem husten.

Erasmus von Rotterdam, *De civilitate morum puerilium*, 1530

Im Mittelalter war es keineswegs unerhört, in der Öffentlichkeit zu furzen. Der normannische Graf Roger I., der in den Jahren 1071–1101 über die Insel Sizilien herrschte, war laut dem Chronisten Gaufredus Malaterra der schönste, redegewandteste und mutigste aller Herrscher. Dass der Graf in der Öffentlichkeit zu furzen pflegte, tat dieser Einschätzung offenbar keinen Abbruch. Der arabische Chronist Ibn al-Athir berichtet, dass ein Abgesandter von König Balduin Rogers Hof besuchte und die gemeinsame Eroberung Nordafrikas vorschlug. Alle hielten den Vorschlag für brillant, doch Roger hob ein Bein, furzte geräuschvoll und erklärte: «Dieser Rat ist viel besser als der, den Ihr gegeben habt.»

Im Mittelalter glaubte man, der Furz sei der Eigengeruch des Teufels. Denn während im Himmel alles lieblich duftete, bildete die Hölle auch hier einen Gegenpol. Beim Hexensabbat, so wurde behauptet, wälzten sich Hexen und Dämonen in Kot und Urin und tranken bisweilen Urin und Blut. Die natürlichen Ausscheidungen des Menschen, Kot, Urin und Sperma, wurden beim Hexensabbat auf widernatürliche Art verwendet, und eine übliche Anklage in den Hexenprozessen lautete, die Hexen hätten das eiskalte Hinterteil des Teufels geküsst.

Die natürlichen Bedürfnisse und Körperausscheidungen des Menschen regten im Mittelalter also die Phantasie zu den seltsamsten Vorstellungen an. Aber wie äußerten sich die Benimmbücher zum öffentlichen Furzen und anderen Verrichtungen? Erasmus riet unter anderem, es sei das Beste, die Winde geräuschlos fahrenzulassen, aber es sei immer noch besser, sie laut fahrenzulassen, als sie zurückzuhalten, denn dies schade der Gesundheit.

Was die allgemeine Haltung bei Tisch betraf, so solle man allerdings vermeiden, auf dem Stuhl hin und her zu rutschen, wie es heimlich Furzende tun:

Auff der Banck hyn und widder mit dem hynteren wanckelen, steht eben als lies einer eynen wind odder wolt yhn gern lassen.

Wie diese Beispiele deutlich zeigen, war der Furz zu Erasmus' Zeiten noch nicht so tabuisiert, dass man nicht offen und rational darüber sprechen konnte. Dennoch wurde der Vorgang offensichtlich auch bereits als etwas peinlich empfunden – siehe Erasmus' frühere Empfehlung, das Furzgeräusch möglichst durch ein anderes Geräusch zu kaschieren. Die Praxis sah jedoch anders aus. Neben weiteren Werken veranschaulichen die Bücher von François Rabelais, wie humorvoll man dem Furzen im 16. Jahrhundert gegenüberstand. Auch in Herbergen und Bierkellern scherten sich die Gäste kaum um die Kontrolle ihrer Körperfunktionen.

Martin Luther, der sich über korrupte Päpste ebenso unverblümt äußerte wie über Wein, Weib und Gesang, begründete sein Furzen damit, dass es ein patentes Mittel sei, den Teufel zu vertreiben. «Und doch widerstehe ich dem Teufel. Ich jage ihn oft auch mit einem Furz hinweg», schrieb Luther.

Ein Autor aus dem 18. Jahrhundert empörte sich hingegen

über die Gäste eines englischen Bierkellers: «Das laute Randalieren, das Rülpsen und das widerwärtige Furzen genügen, um jeden vernünftigen Menschen in Scham versinken zu lassen.» Nicht das Trinken störte den Verfasser, sondern die «unzivilisierten» Gerüche, Rülpser und Fürze. Und im 19. Jahrhundert sah man im Furzen nicht mehr wie bei Erasmus einen medizinischen Vorteil, sondern ganz im Gegenteil ein physisches Zeichen dafür, dass die betreffende Person ihre Triebe nicht zu kontrollieren vermochte.

Zwar kann ein Furz in der falschen Situation auch heute peinlich sein, doch wird er nicht hysterisch tabuisiert. Er ist immer noch ein äußerst beliebtes Thema von Witzen, und zwar nicht nur im Pennälerhumor, sondern auch in Unterhaltungssendungen im Fernsehen. Hinter dem befreienden Gelächter steht jedoch das unterschwellige Peinlichkeitsgefühl, das durch Lachen gemildert werden soll.

DAS GROSSE
UND
DAS KLEINE GESCHÄFT

Es ist unhöflich, jemanden zu grüßen, der sein Wasser lässt oder den Darm entleert.
    Erasmus von Rotterdam, *De civilitate morum puerilium*, 1530

Ist auch eben umb derselbigen Ursach willen keine feine gewonheit, wenn einem etwa auff der Gassen etwas abscheuliches, wie es sich wol bißweilen zuträgt, fürkommet, daß man sich alsdann zu seinen Gesellen kehret und inen solchs zeiget, viel weniger gebüret sichs daß man eim andern etwas stinckendes zu riechen uberreichet, wie dann etliche zu thun pflegen, unnd sehr darauff zudringen, haltens einem zur Nase unnd sagen: Lieber rieche doch, wie wol stincket diß.

Giovanni Della Casa, *Galateo*, 1558

Die Ratschläge der alten Benimmbücher sind Zeugnisse aus einer Zeit, als Urinieren, Stuhlgang und Exkremente ein Teil des öffentlichen Alltags waren. Im Mittelalter und in der Neuzeit verrichtete das einfache Volk seine Bedürfnisse, wie es wollte, vorwiegend ohne Hilfsmittel oder in einen Nachttopf, der durch das Fenster direkt auf die Straße geleert wurde. Die wenigen für einfache Leute bestimmten Aborte wurden gemeinschaftlich genutzt: Um die Wende vom 13. zum 14. Jahrhundert gab es zum Beispiel für die hundertachtunddreißig Wohnungen von London Bridge nur einen einzigen Abort, weshalb viele Bewohner es vorzogen, ihr Geschäft in die Themse zu verrichten. Auch Löcher in der Straße sowie die Innenhöfe waren geeignete Stellen, den Darm zu entleeren. Sowohl in einfachen als auch in adligen Häusern war es ferner völlig normal, dass in bereitstehenden Gefäßen Exkremente schwammen. Als ein Londoner Geschäftsmann im 17. Jahrhundert in einem fremden Haus keinen Nachttopf fand, verrichtete er sein Geschäft eben im Kamin. Auch die Adligen taten sich keinen Zwang an, sondern urinierten bisweilen in die Kamine der Schlösser.

Da es damals noch keine Kanalisation gab, waren die Straßen der europäischen Städte mit Kot gefüllt. «Überall sieht man Tausende Kothaufen, tausendfacher Gestank dringt in die Nase», wie sich ein Zeitgenosse ausdrückte.

Auch Passanten im Edinburgh des 18. Jahrhunderts mussten auf der Hut sein, da einmal täglich der Inhalt der Nachttöpfe durch die Fenster auf die Straße gekippt wurde. Immerhin war es üblich, die Maßnahme mit lauter Stimme anzukündigen, damit die Fußgänger rechtzeitig ausweichen konnten. Die Exkremente blieben über Nacht draußen liegen, bis die städtische Müllbehörde am nächsten Morgen die Straßen reinigte.

Da man überall auf Ausscheidungen stieß, verhielt man sich ihnen gegenüber unbefangen, aus heutiger Sicht wohl *zu* unbefangen. Man konnte sie nämlich zu den merkwürdigsten Zwecken verwenden; so wird in der *Zimmerischen Chronik* aus dem 16. Jahrhundert eine interessante Anekdote über Graf Andreas von Sonnenberg erzählt: Am letzten Abend der Fastenzeit sei nach dem Abendessen Hundekot hereingebracht worden, mit dem die Damen und Herren sich gegenseitig die Köpfe beschmierten. Offenbar handelte es sich um eine Art Ritual, zu dem die Chronik anmerkt, diese Sitte sei nun nicht mehr gebräuchlich, da Kot die Kleider und die Wände verderbe.

Als im 17. Jahrhundert eine Londoner Dame während einer Theateraufführung Durchfall bekam, musste sie ihre Notdurft an der Ecke einer Geschäftsstraße verrichten, da es kaum öffentliche Aborte gab. Nicht ohne Grund also hatte Erasmus geschrieben, es sei unhöflich, einen Menschen zu grüßen, der gerade sein Geschäft verrichte. Die Ratschläge der Benimmbücher des 16. Jahrhunderts zeigen, dass dieser Lebensbereich bereits eine gewisse Verfeinerung erfuhr, dass man über diese später «peinlichen» Themen jedoch noch offen sprechen konnte. Ein Mensch, der in aller Öffentlichkeit sein Geschäft verrichtete, war ein völlig normaler Anblick. Dies bezeugt auch die Tatsache, dass es noch im 18. Jahrhundert in wohlhabenden Kreisen üblich war, bei Festmählern auf einem Nebentisch Nachttöpfe aufzureihen, damit sie nach dem Essen für die Gäste bereitstanden.

DIE LANGWIERIGE
GESCHICHTE
DER
TOILETTE

Eine bessere Erfindung als der Nachttopf war natürlich die Toilette. Im Mittelalter fanden sich die besten Sanitäranlagen in den Klöstern, wo Mönche und Nonnen ein nicht nur geistig, sondern auch körperlich reines Leben führten: Die Ausscheidungen wurden entweder in einen Graben unter dem Klosterabort oder über einen eigens errichteten Abfluss abgeleitet. Da der Tagesrhythmus genau geregelt war, erledigten alle ihre natürlichen Bedürfnisse zur gleichen Zeit, weshalb die Sitzbänke der Klostertoiletten viele Löcher aufwiesen. Auch in den Burgen des Adels wurden im Mittelalter Abtritte errichtet, die man in dem kalten Gemäuer komfortabler machte, indem man sie neben den wärmeren Schornsteinen platzierte.

Aborte gab es also schon früh, doch private Orte waren sie nicht. Die Behörden der Stadt York zum Beispiel ließen erst im 17. Jahrhundert Wände um die Toilette im Sitzungszimmer bauen. Die Abtritte der Adligen waren zwar vornehmer, aber gleichfalls öffentlich. Mit einer prächtigen Toilette konnte man ebenso protzen wie heute mit einem Luxusauto. Die prunkvolle Hofkultur der frühen Neuzeit fand ihren Niederschlag in truhenartigen Abortsitzen, die mit Samt gepolstert und mit diversen Fransen und Stickereien verziert waren. Am Hof Ludwigs XIV. in Versailles gab es alles in allem zweihundertvierundsechzig solcher Örtchen. Es handelte sich nicht etwa um die Ausweitung des sonstigen Prunks auf den Privatbereich, sondern die Toiletten dienten unter Umständen sogar als repräsentativer Thron: Während man seine natürlichen Bedürfnisse verrichtete, konnte man zugleich Besucher empfangen – Ludwig XIV. verkündete seine bevorstehende Verehelichung bekanntlich, während er auf der Toilette saß. Erst in der Folgezeit verlor der Toilettensitz diese öffentliche Funktion und wurde im Gegenteil möglichst gut versteckt. So wurden in den Räumen der französischen Adligen zum Beispiel langweilig aussehende Bücher aufgestapelt, hinter denen sich der Abort verbarg.

Zwar wurde die erste Toilette mit Wasserspülung erst im 19. Jahrhundert realisiert, doch bereits 1569 stellte Sir John Harington, der Patensohn der englischen Königin Elisabeth I., die Idee des Wasserklosetts vor. Schon früher hatte Leonardo da Vinci neben seinen anderen Erfindungen eine Technologie für die natürlichen Bedürfnisse des Menschen entwickelt. Das Wasserklosett interessierte die Menschen des 16. Jahrhunderts jedoch noch nicht. In der Epoche der Eleganz benutzte man zwar prunkvolle Toiletten, das bedeutete jedoch noch nicht, dass man Wert auf die Sauberkeit der Sanitäranlagen gelegt hätte.

Endgültig begann sich die Sanitärkultur erst im 19. Jahrhundert zu verändern, als die europäischen Städte Kanalisationssysteme erhielten. Die Einwohner lehnten die Abwasserkanäle freilich zu Beginn ab, weil sie ihren Kot nun nicht mehr als Dünger verkaufen konnten. Mit dem Aufkommen der Kanalisation verschwanden die Exkremente jedenfalls aus der Öffentlichkeit – sie landeten buchstäblich im Untergrund.

Vergleicht man den freimütigen Rat, einen Menschen, der in der Öffentlichkeit sein Geschäft verrichtet, nicht zu grüßen, den Erasmus im 16. Jahrhundert niederschrieb, mit den zweihundert Jahre später erschienenen Benimmbüchern, so zeigt sich, dass sich die allgemeine Empfindlichkeit und der Schamhaftigkeitszwang in der Gesellschaft deutlich verstärkt hatten. Besonders aufschlussreich ist der Vergleich zwischen verschiedenen Auflagen des Benimmbuchs von Jean-Baptiste de La Salle. In der 1729 erschienenen Ausgabe heißt es:

Wenn es nötig ist, zu urinieren, muss man sich immer an einen entlegenen Ort zurückziehen; und bei anderen natürlichen Bedürfnissen, die man haben mag, ziemt es sich (auch für Kinder), sie nur dort zu verrichten, wo man nicht gesehen werden kann. Es ist sehr unzivilisiert, in Gesellschaft anderer Menschen Winde aus dem Körper entweichen zu lassen, sei es auf dem oberen, sei es auf dem unteren Wege, selbst wenn man es geräuschlos tut.

In einer späteren Auflage von 1774 ist die oben zitierte Passage auf folgende Regel zusammengeschrumpft:

Was die natürlichen Bedürfnisse angeht, so ziemt es sich (auch für Kinder), sie nur dort zu verrichten, wo man nicht gesehen werden kann.

Als die mit den Körperfunktionen verbundene Peinlichkeitsempfindung wuchs, ging man dazu über, Euphemismen zu verwenden. Heute werden die «natürlichen Bedürfnisse» in den Benimmbüchern gar nicht mehr erwähnt. Körperfunktionen und -ausscheidungen sind aus dem öffentlichen Sprachgebrauch ausgeschlossen, und das Schamgefühl, das sich mit diesem Lebensbereich verbindet, erwirbt man bereits in der frühen Kindheit durch die Sozialisation in der Familie.

Im selben Maß, wie es verwerflich wurde, öffentlich über Stuhlgang und Exkremente zu sprechen, entwickelte sich auch der Vorgang selbst zu einer höchst privaten Angelegenheit. Norbert Elias interpretiert in seiner Zivilisationstheorie das WC als rein technischen Aspekt der Verhaltenskontrolle, als Hilfsmittel, das es ermöglichte, die peinlichen Verrichtungen aus dem öffentlichen Leben fernzuhalten. Toiletten und andere Hilfskonstruktionen für das zivilisierte Leben entstanden nicht «von selbst», sondern als Antwort auf die Probleme, die der neue Standard des gesellschaftlichen Umgangs aufwarf.

Im Normalfall benutzt der Mensch die Toilette vier- bis sechsmal täglich, doch wenn er zum Beispiel Bier trinkt, gerät der Organismus aus dem Rhythmus. Alkohol verringert den Hormonausstoß der Hypophyse, wodurch die Harnproduktion steigt. Wenn ein Gast auf dem Oktoberfest schnell hintereinander weg zwei Maß trinkt, muss sein unsteter Blick innerhalb einer guten Stunde eine Toilette finden. Der Zeitschrift *New Scientist* zufolge verweilen Männer durchschnittlich 39 Sekunden auf der Toilette, Frauen 89 Sekunden. Der Oktoberfestbesucher braucht also im Schnitt eine Minute für die Benutzung der Toilette. Wenn jeder Gast zwei Maß pro Stunde leert, wird innerhalb der nächsten Stunde jede Toilette von sechzig Personen besucht. Folglich würde man für zehntausend zivilisierte Menschen einhundertsiebenundsechzig Toiletten brauchen. Werden die Bierkrüge schneller geleert, reichen die Toiletten nicht mehr aus, und die Harnblase mag nicht warten. Wenn der Flüssigkeitspegel in der etwa 500 ml fassenden Harnblase die Grenze von 350 ml erreicht, gehorcht der Gast fügsam seiner Blase, ob er sich im Restaurant befindet oder auf der Straße. Davon kann man sich zum Beispiel beim Patronatsfest in Pamplona mit eigenen Augen überzeugen. Manche rennen bei den Stierläufen mit, doch die meisten trinken und verrichten ihr Bedürfnis an den Straßenecken.

Der niederländische Kulturhistoriker Pieter Spierenburg hat darauf hingewiesen, dass es in keinem Land der Welt eine absolute Kontrolle über die Körpersekrete gibt: Ein Amsterdamer Pub-Besucher, der nach einem Abend in der Kneipe in die nächste Gracht pinkelt, ist ein ganz normaler Anblick. Selbst das vornehme Monaco legte im Jahr 2000 fragwürdige Ehre ein, als der Ehemann von Prinzessin Caroline bei der Weltausstellung in Hannover dabei ertappt wurde, wie er an eine Seite des türkischen Pavillons pinkelte.

SPUCKEN

Beim Gähnen darf man nicht laut grunzen, und bei der Unterhaltung darf man seinem Gesprächspartner keinen Speichel ins Gesicht spritzen lassen. Wenn man ausspucken muss, soll man sich bemühen, es abseits zu tun, und niemals vor die Füße seines Begleiters.
Benimmregel aus dem 17. Jahrhundert

Seine Spucke in der Öffentlichkeit loszuwerden, ist heutzutage erlaubt, sofern diese Regung auf eine schwere körperliche Anstrengung, zum Beispiel auf eine sportliche Leistung, folgt. In Alltagssituationen gilt das Ausspucken dagegen als verwerflich. Früher hingegen hatte es sogar bestimmte inhaltliche Bedeutungen: Es galt als magische Handlung, die man beim Schwören und bei Vertragsabschlüssen vollzog. In den Mittelmeerländern diente es als Schutz gegen den bösen Blick. Wenn man etwa einer Person begegnete, die als Hexe verdächtigt wurde, spuckte man auf den Boden, um die Gefahr abzuwehren. Auch heute noch spucken Abergläubische dreimal aus, wenn ihnen eine schwarze Katze über den Weg läuft.

Aber auch in alltäglicheren Situationen spuckte man früher ganz ungeniert aus, besonders im Mittelalter war dieser Vorgang noch völlig üblich. Es gab hier nur wenige Restriktionen: An der Tafel sollte man nicht auf oder über, sondern unter den Tisch spucken; ferner galt es als ungehörig, in die zum Händewaschen vorgesehene Wasserschüssel zu spucken.

Im 16. Jahrhundert veränderte sich die Einstellung dazu; das Ausspucken und der Anblick von Speichel weckte zunehmend Abscheu. Erasmus von Rotterdam etwa riet in seinem Benimmbuch: «Speyestu etwas unfletiges, so trits, wie ich gesagt hab, mit einem fuss aus, das du nicht yemands ein grewel machest.» Erasmus unterschied jedoch zwischen dem echten Bedürfnis, auszuspucken, und dem stärker zu verurteilenden Spucken aus bloßer Gewohnheit. Noch 1729 riet de La Salle, man solle nicht auf das Ausspucken verzichten, denn «es ist sehr ungehörig, herunterzuschlucken, was man ausspucken muss». Alles in allem wurde das Spucken jedoch immer strenger reglementiert, was gewissermaßen in dem Rat des britischen Etikettenführers von 1859 gipfelte:

Das Spucken ist zu allen Zeiten eine widerliche Angewohnheit – tue es nie. Es ist nicht nur peinlich und widerlich, sondern auch sehr schlecht für die Gesundheit.
Jane Aster, *The Habits of Good Society*, 1859

Die neuen Erkenntnisse der Medizin, die damit einherge-hende Angst vor Bazillen und die entsprechenden Hygiene-bestimmungen führten dazu, dass um die Wende zum 20. Jahrhundert die früher zentral aufgestellten Spucknäpfe in die Zimmerecken verbannt wurden und später ganz aus den Wohnungen und öffentlichen Räumen verschwanden. Die Eliminierung des Spuckdrangs macht deutlich, wie ra-dikal die Zivilisation sich auf die Regungen und Gepflogen-heiten einer Gemeinschaft auswirken kann: Im Extremfall modifiziert sie das Verhalten der Menschen über das reine Erlernen und Befolgen von Regeln hinaus auf einer tieferen Ebene.

SCHNEUZEN

Im Mittelalter schneuzte man sich mit den Fingern, und in den unteren Gesellschaftsschichten blieb diese Sitte lange erhalten. Den alten Benimmbüchern zufolge war es allenfalls ungehörig, sich mit derselben Hand zu schneuzen, mir der man aß und Speisen aus der gemeinsamen Schüssel nahm. Es gab dabei verschiedene Arten, die Finger zu verwenden: Noch im 18. Jahrhundert wies de La Salle darauf hin, dass Schneuzen mit der ganzen Hand verwerflich sei, dieselbe Verrichtung mit zwei Fingern dagegen «nur» unschicklich. Wenn man sich also mit den Fingern schneuzen durfte, woran wischte man sie anschließend ab? In Caxtons *Book of Curtesye* aus dem Jahr 1477 findet sich die Empfehlung, die Finger am Hemd abzuwischen.

Das Taschentuch war anfangs ein Statussymbol der Ober-schicht. Im 16. Jahrhundert schneuzte sich das einfache Volk mit den Fingern, die Mittelschicht benutzte die Ärmel, wäh-

rend man die Reichen daran erkannte, dass sie ein Schnupftuch verwendeten. Die folgenden Anweisungen des Erasmus
von Rotterdam veranschaulichen, wie sehr sich im Schneuzen die jeweilige Standeszugehörigkeit manifestierte:

*Die nasen mit dem hut odder rock zu wüschen, ist peurisch. Mit
dem arm oder elenbogen ist köchisch, un ist nit viel höfflicher
wenn du sie mit der hand schneutzest und den unflat an den rock
wüschst. Das stet aber wol, das du dich mit einem Fazenetlein
schneutzest und dich, wo ehrliche leut verhanden weren, ein wenig
auff ein seyten wendest. Und wenn du kein Fazenetlein hettest, so
schneutze dich mit zweyen fingeren und wirffs auf die erden, und
tritts bald mit eim fuss auss.*

Erasmus von Rotterdam, *De civilitate morum puerilium*, 1530

In der Epoche des Fingerschneuzens wurde darauf hingewiesen, dass es unschicklich sei, den Nasenschleim in den Mund
zu stecken. Als das Schnupftuch aufkam, äußerte sich die
Steigerung der Feinfühligkeitsnorm natürlich schon in der
Verwendung des Tuchs, aber auch in der Zusatzregel, dass
man nach dem Schneuzen nicht in das Taschentuch schauen
solle. Diese Regel formulierte beispielsweise Della Casa im
Jahr 1558 mit der spitzen Bemerkung:

*Es gehöret sich auch nicht, wenn du die nase gewischet hast, dass
du das schnupftuch von einander ziehest unnd hineinguckest,
gleich als ob dir Perlen und Rubinen vom gehirn hetten abfallen
mögen.*

Zweihundert Jahre später waren beim richtigen, schamhaf-
ten Gebrauch des Taschentuchs zwei weitere Regeln zu beachten: Man sollte sich möglichst geräuschlos schneuzen
und sich dabei von den anderen Anwesenden abwenden.

Auch heute noch dürfen Kinder in den allerersten Lebensjahren in der Öffentlichkeit pupsen oder Kacka machen – oder zumindest an einem Ort im Freien pinkeln, den der Erwachsene für passend hält. Bei Erwachsenen gilt ein solches Verhalten als unzivilisiert und verwerflich. Die sozial definierte Grenze zwischen Kindheit und Erwachsenenalter ist ein zentrales Instrument der Zivilisierung. Im Zuge des Erwachsenwerdens verbinden wir mit dem Furzen und anderen natürlichen Körperfunktionen immer mehr Angst- und Schamgefühle, die uns von der Gesellschaft eingeimpft wurden. Das mit den natürlichen Bedürfnissen verbundene Wohlgefühl wird privatisiert und in die Heimlichkeit abgedrängt, denn die negativ geladenen Affekte Ekel und Scham sind die einzig richtigen, der Norm entsprechenden Empfindungen. Wenn ein Kind sich nicht nach und nach diesem normgerechten Verhalten anpasst, gilt es mindestens als «unmöglich», wenn nicht gar als «anormal» oder «krank».

Was heute nur jüngeren Kindern gestattet ist, war im Mittelalter als Modell der Bedürfnisbefriedigung noch üblich. Nicht zufällig erinnern deshalb die alten, an Erwachsene gerichteten Benimmbücher inhaltlich und im Tonfall an die Sprechart, die heute bei der Kindererziehung gebräuchlich ist. Lange Zeit wurden Kindern gegenüber die richtigen Verhaltensweisen mit dem Hinweis auf den allwissenden Gott begründet: «Denn immer sind die Engel zugegen. Denen ist nichts willkommener bei einem Knaben als die Scham, die Begleiterin und Wächterin des dezenten Benehmens.» So wurde das Schamgefühl den Kindern allmählich als innerliche Empfindung anerzogen, als «Stimme des Gewissens».

Der Hinweis auf die Engel und den allwissenden Gott

blieb lange das Instrument der Sozialisation von Kindern, vor allem in Aufklärungsschriften für das einfache Volk. Später wurden die religiösen Begründungen durch hygienische und gesundheitliche Argumente ersetzt, wenn auch keineswegs im selben Ausmaß wie bei der Zivilisierung der Erwachsenen. Dass die neuen Erkenntnisse rund um die Hygiene nicht stärker in der Kindererziehung thematisiert wurden, zeugt davon, dass die eigentlichen Gründe für die Sauberkeit nicht wirklich rational waren, sondern auf den Ekel- und Schamgefühlen beruhten, die in der Kultur der Erwachsenen herrschten.

Aber nicht nur die Begründungen haben sich im Prozess der Zivilisation gewandelt. Auch die Sanktionen für «abweichendes» Verhalten waren früher weitaus milder als heute. Kot zu berühren war zwar bereits im 16. Jahrhundert untersagt, doch verstieß die Übertretung dieser Regel damals lediglich gegen eine gewisse Norm des Schamempfindens und des Anstands; heute wird ein solches Verhalten als pathologische Auffälligkeit verstanden, als Perversion, die gar die Isolation der betreffenden Person in einer «Heilanstalt» zur Folge haben kann.

ÄUSSERLICHE SAUBERKEIT

Man sollte annehmen, dass der zurückhaltende Umgang mit Körpersekreten mühelos mit gesundheitlichen Argumenten zu begründen war, sobald man einmal die medizinische Bedeutung der Hygiene erkannt hatte. Die Argumente wurden zwar auch angeführt, doch waren sie weit weniger wirkungsvoll als die emotionalen, im gesellschaftlichen Umgang verankerten Begründungen.

Im Hochmittelalter wurden das Baden und das Waschen mit der Reinigung des Gewissens assoziiert. Beim Baden wusch man gewiss Dreck, vor allem aber die Sünden ab. Es gab allerdings auch genügend Zweifler. Ein mittelalterlicher Autor warf den Dänen «Stutzerhaftigkeit» vor, weil sie sich täglich kämmten, häufig die Kleidung wechselten und jeden Samstag badeten. Und nach einem deutschen Ritterreglement aus dem 13. Jahrhundert nahmen nur «flatterhafte» Ritter ein Bad. Einige waren also der Ansicht, Baden sei «unmännlich». Andere betrachteten das Baden ausschließlich als unsittliches fleischliches Vergnügen. Dieser Vorwurf war nicht völlig aus der Luft gegriffen, denn gerade den Rittern ging es beim Bad meist um etwas ganz anderes als um die Reinlichkeit. Kehrte ein Ritter von der Waffenübung zurück, wurde er in der Regel von jungen Mädchen gebadet. Ein zeitgenössischer Dichter schwärmte davon, wie er in der Wanne einen gebratenen Vogel zerlegte, «umgeben von drei nackten Jungfrauen».

Während die Ritter vor allem aus sexuellen Motiven badeten, mied die gewöhnliche Landbevölkerung das Wasser. Ende des 13. Jahrhunderts wuschen sich in Frankreich Menschen, die auf dem Land lebten, nur selten. Als Freundschaftsbeweis lasen sie sich gegenseitig das Ungeziefer ab. Die innere Sauberkeit wurde höher gewertet als die äußerliche. Bei den seltenen Waschungen wurden die Geschlechtsteile und der Analbereich ausgespart: Gewaschen wurden nur die Körperteile, mit denen man das Essen segnete, zubereitete und schluckte, also Hände, Gesicht und Mund.

In den Städten gab es jedoch im Hochmittelalter öffentliche Badestuben und Dampfbäder, die sehr beliebt waren, zum Teil wegen der dort üblichen Prostitution. Im 14. Jahrhundert begann die katholische Kirche, die öffentlichen Dampfbäder abzulehnen, weil sie «Brutstätten des Lasters» geworden seien. Wegen Holzmangels, vor allem aber wegen der Prostitution und der sich ausbreitenden Syphilis wurden seit dem Ende des 16. Jahrhunderts Badestuben und öffentliche Dampfbäder geschlossen.

In Europa begann damit eine rund zweihundert Jahre andauernde Epoche, in der man selbst in den höchsten Gesellschaftsschichten der persönlichen Sauberkeit keinen besonderen Wert beimaß: Die englische Königin Elisabeth I. nahm immerhin einmal monatlich ein Bad, «ob es nötig war oder nicht». Täglich wusch man sich allenfalls Hände und Gesicht. Das Aufkommen der Essbestecke hatte zur Folge, dass man es nicht mehr für wichtig hielt, sich vor den Mahlzeiten die Hände zu waschen. In England stand es um die Sauberkeit noch schlechter als in Kontinentaleuropa: Auf den Köpfen der Menschen wimmelte es von Läusen, und niemand wusch sich gründlich. Im 17. Jahrhundert hielten die Briten besonders das Waschen der Intimzone für unschicklich. So wurde etwa das französische Bidet abgelehnt, weil man meinte, es sei nur dazu vorgesehen, sich für oralen Geschlechtsverkehr zu säubern.

Auch die Mode, Parfüm und parfümierte Perücken zu verwenden, die sich von Italien ausgehend in Europa verbreitet hatte, verringerte das Waschbedürfnis. Die Adligen am französischen Hof «wuschen» sich, indem sie lediglich ihre Hände mit Wasser abspülten und sich einige Tropfen Eau de Cologne ins Gesicht tupften. Die Unterwäsche wurde kaum gewechselt, und selbst im Bett Ludwigs XIV. fanden sich Wanzen. Unangenehme Gerüche wurden mit Parfüm überdeckt und Schmutz unter Puder verborgen.

Der französische Arzt Louis Savot behauptete in seiner 1624 erschienenen Schrift, es sei besser und gesünder, sich mit einer neuen Erfindung, dem Waschlappen, zu säubern, statt ein Bad zu nehmen. 1782 riet ein englisches Benimmbuch, das Gesicht jeden Morgen mit einem weißen Tuch abzureiben; Wasser solle man lieber meiden, da es die Haut zu empfindlich mache.

Während man in Nordeuropa noch im 17. Jahrhundert über die «zivilisierte» Puder- und Parfümmode lachte, machten sich im 18. Jahrhundert auch die schwedischen Gelehrten die Auffassung der Aufklärungszeit zu eigen, insbesondere die Sauna sei gesundheitsschädlich. Die schwedischen Ärzte entsetzten sich über den Brauch der Finnen, zweimal wöchentlich und im Sommer sogar jeden Tag in die Sauna zu gehen. Der Mediziner Anton Rolandsson Martin erklärte in seiner 1765 veröffentlichten Studie, es sei unverantwortlich von den finnischen Eltern, ihre Kinder so häufig baden zu lassen, denn dadurch werde schwere Verstopfung verursacht.

Erst im 19. Jahrhundert begann man in den anderen Teilen Europas stärker auf die persönliche Sauberkeit zu achten. Ein englischer Arzt beklagte, dass die Londoner sich zwar täglich Gesicht und Hände wuschen, den Rest des Körpers aber jahrelang ungewaschen ließen. Nun begründete man die Notwendigkeit des Waschens im Kontext der physischen und geistigen (moralischen) Gesundheit, gewissermaßen also mit der Redewendung «ein gesunder Geist in einem gesunden Körper». In den oberen Gesellschaftsschichten wurde die Idee der Reinlichkeit bald gutgeheißen, denn sie ermöglichte die Distinktion vom «stinkenden Volk». Allerdings wurde die Verbreitung des Sauberkeitsideals in der Gesellschaft durch eine Reihe beharrlicher Vorurteile verzögert. Der Historiker Alain Corbin schildert die Überzeugungen, mit denen die Hygienebewegung in Frankreich noch in der zweiten Hälfte des 19. Jahrhunderts zu kämpfen hatte: Man fürchtete, Baden verursache Müdigkeit und Trägheit und fördere zudem die Sünde der Masturbation. Rasches, «aktives» Duschen wurde in günstigerem Licht gesehen als «passives» Baden, dessen Häufigkeit durch strenge, an das Alter und das Geschlecht gebundene Regeln beschränkt wurde. Bei den Frauen bildete der Glaube an den Zusammenhang von Wasser und Unfruchtbarkeit, an die sterilisierende Wirkung des Wassers, ein Hindernis für die Körperhygiene.

Der neue Sauberkeitsbegriff setzte sich schließlich auch im städtischen Bürgertum durch und wurde durch die Dienerschaft auch in den unteren Schichten bekannt. Im einfachen Volk beschränkte er sich jedoch nur auf bestimmte Körperteile: Die Hände wurden häufig gewaschen, Gesicht und Zähne (zumindest die Vorderzähne) täglich gereinigt, die Füße dagegen wusch man nur ein- oder zweimal im Monat, die Haare nie. Die Idee der Hygiene wurde nicht wirklich verstanden; man glaubte, sie beziehe sich auf das Äußere der Menschen, etwa auf gekämmte Haare, die Verwendung von Kölnisch Wasser oder verfeinerte Manieren. Der Schriftsteller Jules Renard erzählte noch Ende des 19. Jahrhunderts von einem gewissen Herrn Ragotte, nach dessen Ansicht Hygiene bedeutete, dass man manierlich Suppe zu essen verstand.

Mit dem Waschen verbanden sich also über einen langen Zeitraum eher moralische als hygienische Vorstellungen. Es ist einigermaßen ironisch, dass eine Art Überbleibsel dieses Denkens die «finnische Sauna» darstellt, die man in Mitteleuropa immer noch mit einem Hauch von Bordell verbindet.

V
WEINEN
UND
LACHEN

Ein Mann beherrscht sich auch im Theater. Selbst bei den lustigsten Stellen lacht er nicht dröhnend, erst recht nicht, wenn der Rest des Publikums, von einer Tragödie erschüttert, die Tränen herunterschluckt. Ein Mann weint nicht, selbst wenn alle Figuren des Stückes sterben. Er weiß, dass alles nur gespielt ist und dass die Hauptdarstellerin sich zum Schluss mit einem wunderschönen Lächeln für die Rosen bedanken wird, die er ihr geschickt hat.

Miehen etikettikirja (Etiketteführer für den Herrn), 1965

IN DEN sechziger Jahren lehrte dieses finnische Benimmbuch für Herren, dass ein wohlerzogener Mann nicht weint,
lacht oder auf andere Weise seine Gefühle zeigt, zumindest
nicht in der Öffentlichkeit. Der oben zitierte Rat, die durch
ein Theaterstück geweckten Gefühle zu zügeln und zu verbergen, schießt dabei kräftig über das Ziel hinaus: Schon
Aristoteles erklärte, die Einfühlung in die fiktive Welt der
Kunst läutere den menschlichen Geist, sie bewirke eine
«Katharsis». Der Zuschauer werde befähigt, sich in die Lage
eines anderen Menschen zu versetzen und dessen Erfahrun-
gen zu teilen.

Auch im geschichtlichen Überblick war das europäische
Theater bis ins 19. Jahrhundert ein Ort, an dem das Publikum seine Gefühle offen zum Ausdruck brachte: Auf den
billigen Stehplätzen im Parterre versammelten sich Angehörige der unteren Gesellschaftsschichten; sie weinten, lachten, tranken, lärmten und riefen den Adligen in den teuren
Logen Unverschämtheiten zu, ohne sich durch das Geschehen auf der Bühne stören zu lassen. Selbst Prostitution und
Taschendiebstahl gehörten zum wüsten Alltag im Parterre,
zum eigenen Schauspiel der unteren Stände. Man versuchte
deshalb, das tierische Treiben zu bändigen, indem man
Streithähnen Hausverbot erteilte und Zuschauer, die im
Parterre ihr Geschäft auf dem Fußboden verrichteten, mit
Geldstrafen belegte. Erst im 19. Jahrhundert wurde es in den
Theatern ruhiger, teils dank der verbesserten Beleuchtungs-
technik, die das Publikum zwang, sich auf das Schauspiel zu
konzentrieren, aber auch dadurch, dass die bürgerliche Mittelschicht sich allmählich die guten Manieren der Oberschicht aneignete und die eigene Impulsivität unter Kontrolle brachte.

Weinen war jedoch immer erlaubt, ja sogar geboten, und dies nicht nur im Theater, sondern auch im wahren Leben. Die Regel lautete: Je vornehmer ein Mann war, desto mehr sollte er weinen.

Er weckte Aufmerksamkeit durch seinen großen und starken Körper, er war hochgewachsen und von aufrechter Gestalt. Er sprach angenehm und gut, war freundlich zu den Stillen im Lande, aber hart gegenüber Rebellen und Widerspenstigen, gerecht und gottesfürchtig, eifrig im Vollbringen guter Werke. Wenn er fromme Gebete las, liefen ihm oft heimlich andächtige Tränen über die Wangen.

Mit diesen anerkennenden Worten charakterisierte der englische Benediktinermönch Ordericus Vitalis in seiner Chronik aus dem 12. Jahrhundert *(Historia Ecclesiastica)* einen Ritter. Dabei fällt vor allem das Lob der emotionalen Eigenschaften des Ritters auf. Trotz seiner maskulinen Erscheinung und seiner Aufgaben war der Ritter fähig, seinen Gefühlen freien Lauf zu lassen. Freilich hätte er seine Tränen nicht heimlich zu vergießen brauchen, schließlich war es im Mittelalter üblich, seine Gefühle offen zu zeigen. Männer weinten unter anderem, wenn sie merkten, dass jemand ihre Freundschaft hintergangen hatte. In der Verserzählung *Le Chevalier de la charrette* (1175) von Chrétien de Troyes weint Ritter Lancelot an der Schulter einer Frau, weil er nicht am Turnier teilnehmen kann. Die vornehme Frau lässt sich von Lancelots Tränen erweichen und verhilft ihm zur Teilnahme.

In dem berühmten Rolandslied aus dem 12. Jahrhundert wird geschildert, wie bei der Schlacht von Roncesvalles hunderttausend fränkische Ritter «wie ein Mann» bitterlich über Rolands Tod weinen. Natürlich übertreibt das Versepos die Anzahl der Weinenden gewaltig – es ist völlig unglaubhaft, dass in den Pyrenäen ebenso viele Männer geweint hätten wie im Fußballstadion Camp Nou in Barcelona –, doch das Wesentliche ist die Botschaft des Dichters: Das Weinen der Ritter war eine edle Tat.

Manchmal waren Tränen sogar ein notwendiger Teil eines Spektakels, etwa wenn es um Reue ging. Eine der berühmtesten Heulsusen der Geschichte war der deutsche König Heinrich IV. Er stand im Jahr 1077 drei Tage lang weinend vor der Burg Canossa und flehte Papst Gregorius VII. um Vergebung an. Schließlich ließ sich der Papst erweichen und hob den Kirchenbann auf. Über Heinrichs Tränen ärgerte sich noch achthundert Jahre später Bismarck, der Eiserne Kanzler, der schwor, es werde keinen zweiten Gang nach Canossa geben.

Bei kirchlichen Festen hatte auch das einfache Volk nah am Wasser gebaut. Der Kulturhistoriker Johan Huizinga berichtet von dem Volksprediger Bruder Richard, der 1429 in Paris zehn Tage hintereinander predigte; als er nach der zehnten Predigt verkündete, dies sei die letzte gewesen, weinten nach den Worten eines Zeitgenossen «die großen und die kleinen Leute so erbärmlich und so aus Herzensgrund, als sähen sie ihre besten Freunde zur Erde tragen». Und wenn der heilige Dominikanermönch Vinzenz Ferrer vom Jüngsten Gericht und den Höllenstrafen oder von den Leiden des Herrn sprach, brachen sowohl er selbst als auch seine Hörer jedes Mal in Tränen aus, und Ferrer musste lange schweigen, bis die Menschen sich wieder beruhigt hatten. Reuige Sünder pflegten sich vor aller Augen zu Boden zu werfen und weinend ihre Sünden zu bekennen. Manchmal kam das Weinen nicht gleich von selbst. In Osteuropa geißelten sich deshalb die Mönche, um die Tränen, das Zeichen der Reue, hervorzulocken.

Öffentliche Rührung war auch ein besonderer Bestandteil der grausamen Rechtspraxis früherer Zeiten. So weinten die Zuschauer oft bei Hinrichtungen, vor allem dann, wenn der

Verurteilte mit seinen Worten an die Gefühle des Publikums appellierte:

Ein junger Brandstifter und Mörder wird zu Brüssel an einer Kette, die sich an einem Ring um einen Pfahl drehen konnte, mitten in einen Kreis brennender Reisigbündel gestellt. Er selbst stellt sich dem Volk in rührenden Worten als Beispiel hin und brachte die Herzen so sehr in Rührung, dass alles in Tränen des Mitleids verging. Und sein Ende ward als das schönste gerühmt, das man je gesehen hatte.
Georges Chastellain, 15. Jahrhundert, zitiert nach
Johan Huizinga, *Herbst des Mittelalters*

Manchmal nahmen die Exekutionen geradezu absurde Züge an, wenn die verurteilten Verbrecher mit allen Mitteln versuchten, die allgemeine Rührung anzufachen. Ein hoher Herr, der 1411 hingerichtet werden sollte, nahm nicht nur die Entschuldigung des Henkers an, sondern bat diesen auch noch um einen Kuss. Da vergossen fast alle Anwesenden Tränen. Auch der im 16. Jahrhundert spielende Roman *Michael der Finne* von Mika Waltari enthält eine Hinrichtungsszene, bei der der Verurteilte sich an die Volksmenge wendet und seine Worte wohlberedt wählt, «als ob er allen zeigen wollte, was für eine gute Erziehung er genossen hatte»:

Lebt wohl, liebe Bürger und schöne Damen! Euch zur Freude werde ich heute leichten Fußes meinen letzten Tanz tanzen, gleichsam vom Winde geschüttelt. Ich folge meinem Bruder in den Paradiesgarten, den er schon vor mir betreten hat nach der Verheißung, die unser Herr Jesus Christus dem Schächer am Kreuze gegeben hat. Ich danke diesem guten Pater hier, der mich in der Hoffnung auf das ewige Leben bestärkt hat, und ich danke auch dem Meister, der mir gleich mit geschickter Hand die Schlinge um den Hals legen wird. Zugleich bedaure ich, dass ich ihm wegen meiner Armut und meines Elends seine Dienste nicht so gut vergelten kann, wie er es verdient hätte. Lebe wohl, du schönes Land, lebt wohl, ihr Lüfte und ihr Schwalben des Himmels. Ich heiße die Raben willkommen, meine Brüder, die mir meine schönen Augen aus dem Kopf picken werden.

Während die öffentlichen Hinrichtungen für das gewöhnliche Volk Spektakel waren, zu denen man unter anderem ging, um zu weinen und die bewegende Rhetorik der theatralisch auftretenden Verurteilten zu hören, hatten sie aus der Sicht der Veranstalter eine ganz andere Funktion. Hinrichtungen dienten den Machthabern als Mittel, das Volk zu kontrollieren; durch die abschreckende Wirkung sollte die fragile Gesellschaftsordnung stabilisiert werden.

Auch bei Festen und an den Höfen war es von Zeit zu Zeit ratsam, Tränen zu vergießen, mochten sie echt sein oder auch nicht. Ein Gesandter des französischen Königs brach immer wieder in Tränen aus, als er am Hof Philipps des Guten eine Rede hielt. Beim Abschied eines jungen Adligen vom burgundischen Hof weinten alle laut. Ludwig XI. vergoss während seines Aufenthalts am burgundischen Hof wiederholt Tränen. Als die Gesandten auf der Friedenskonferenz von Arras ihre ergreifenden Reden hielten, sanken die Zuhörer wortlos zu Boden, seufzten, schluchzten und weinten.

Öffentliches Weinen war früher also nicht peinlich, eher im Gegenteil: Die Fähigkeit zu weinen galt als Beweis für Mitgefühl und einen edlen Charakter. Vor allem hochrangige Personen mussten sich darauf verstehen, gefühlvoll zu sein: Tränen waren das Mittel, mit dem die Elite jene «privilegierte Emotionalität» sichtbar machte, die ihre hohe Geburt ihnen nach der damals herrschenden Auffassung verlieh. Im Gegensatz zum ordinären Schweiß und den tierischen Exkrementen galten Tränen als ein sauberes Körpersekret, das eine edlere Ebene der Empfindsamkeit repräsentierte.

Noch durch das ganze 18. Jahrhundert hindurch war es völlig akzeptabel, zum Beispiel bei der gemeinsamen Lektüre eines rührseligen Buches oder im Theater zu weinen. Bei der Uraufführung von Schillers *Räubern* in Mannheim stießen die Zuschauer heisere Aufschreie aus und fielen einander schluchzend in die Arme. Auch in Goethes *Leiden des jungen Werthers* von 1774 weint und schluchzt der Ich-Erzähler Werther fast unablässig. Doch die Mode und die Ideale wandeln sich. Die protestantische Ethik und der Aufstieg des Bürgertums bewirkten, dass öffentliche Gefühlsäußerungen zunehmend verpönt wurden. Ein zivilisierter Mensch zeigte seine Gefühle nicht offen, das taten nur Wilde und das rohe einfache Volk. Was im Theater zunächst noch erlaubt war, galt im Alltag nicht mehr als akzeptabel. So empfahlen in England und Deutschland die Erziehungsratgeber bereits im 17. Jahrhundert Selbstbeherrschung und die Vermeidung übermäßiger Empfindsamkeit. Es hieß nun, Weinen und Gefühligkeiten benebelten nur den Verstand, den der Mensch aber jederzeit nutzen müsse. Hier kündigte sich das Zeitalter der Aufklärung an, die «Epoche der Vernunft».

Der Aufklärungsphilosoph John Locke etwa verfasste eine Schrift über Erziehung, in der er den Eltern riet, das Weinen ihrer Kinder zu zügeln.

Da muss das liebe Söhnchen (…) alles haben, wonach es schreit (…). Auf solche Weise verderben Eltern die Triebfedern der Natur durch ihr Verhätscheln und Willfahren.
John Locke, *Some Thoughts Concerning Education*
(Gedanken über Erziehung), 1693

Locke schrieb sein Buch ursprünglich für einen Freund, der ihn um Ratschläge für die Erziehung seines Sohnes gebeten hatte. Der Philosoph hatte kein Mitleid mit den kindlichen Gefühlen, sondern riet nachdrücklich, man solle die Kinder abhärten, um Schlaffheit zu vermeiden. Offene Gefühlsbezeigungen, wie sie für das Mittelalter typisch waren, empfand Locke als unerträglich. Seiner Ansicht nach sollte der Mensch lernen, seine natürlichen Neigungen und Impulse zu unterdrücken und der Stimme der Vernunft zu gehorchen. Andernfalls würden Triebe und Begierden ihn auch im Erwachsenenleben beherrschen:

Denn wenn der Knabe Weintrauben oder Zuckerplätzchen haben muss, wenn er Lust dazu hat, ehe man das arme Herzchen lange schreien oder verdrießlich sein lasse; warum soll er nicht auch, nachdem er erwachsen ist, befriediget werden, wenn ihn seine Begierde zum Weine oder zum Mägdchen treibt? (…) Der Fehler ist nicht, dass man Begierden hat (…), sondern dass man sie nicht den Regeln und Einschränkungen der Vernunft unterworfen hat.

Lockes Denkweise veranschaulicht das moralische Wertesystem Englands im ausgehenden 17. Jahrhundert und die neuartige Einstellung zum Körper, der von der Vernunft kontrolliert werden sollte. Sein Buch hatte auch in anderen Ländern Europas großen Einfluss, und im 18. Jahrhundert galt Locke als Lehrmeister der Erziehung.

Von der zunehmenden Reglementierung des Gefühlslebens zeugt auch die Trauerzeit nach dem Tod eines nahestehenden Menschen, ein Thema, zu dem in Frankreich im 18. Jahrhundert eigens ein Leitfaden erschien. Die Trauerzeit einer Witwe aus dem Bürgertum begann mit einem intensiven Abschnitt, der in Paris viereinhalb Monate dauerte, auf dem Land sechs Monate. In dieser Zeit durfte die Witwe nur Kleider aus schwarzem Wollstoff tragen, keinen Schmuck und kein Parfüm verwenden und die Haare nicht zu Locken aufdrehen. Im nächsten, sechs Monate dauernden Abschnitt durfte die schwarze Kleidung aus leichterem Stoff sein, und auch zur Kleidung gehörender Schmuck war erlaubt. In der letzten, dreimonatigen Trauerphase durfte die Witwe sich bereits etwas heller kleiden und auffälligeren Schmuck tragen. In ihrer Untersuchung über die Bräuche des französischen Bürgertums konstatiert die Historikerin Anne Martin-Fugier, dass die Trauerzeit im 19. Jahrhundert noch länger dauerte und der «Trauercode» des Bürgertums im Grunde ein ähnliches, auf die Ständegesellschaft zurückgehendes Dinstinktionsritual war wie die sonstige Verhaltensetikette.

König Friedrich Wilhelm IV., der in den Jahren 1840–1861 in Preußen herrschte, las gern romantische Literatur – und weinte regelmäßig. Die Sentimentalität des Königs wurde in deutschen Karikaturen meist als pathetisches und unmännliches Gebaren dargestellt – ein Ausdruck dafür, dass die Epoche der Romantik vorbei war; sie wurde vom Nationalismus der Kolonialzeit abgelöst, der Disziplin und Kraft betonte. Herren aus gutem Hause rauchten nun Zigaretten, kleideten sich gern in Uniform und verabscheuten Gefühlsseligkeit.

Im 19. Jahrhundert betonten die Erziehungsrichtlinien der Schulen in Großbritannien, Frankreich und Deutschland verstärkt die Unterschiede zwischen den Geschlechtern. Die Frau war das weiche, unschuldige, tugendhafte und mütterliche Symbol der Nation – ob es sich um die Gestalt der Britannia, der französischen Marianne oder der Germania handelte. Bei der Erziehung der Jungen hingegen wurde besonderes Gewicht darauf gelegt, Gefühlsäußerungen zu unterbinden. Stattdessen traten Maskulinität, Sportlichkeit, Ehre und Härte in den Vordergrund.

Gegen Ende des 19. Jahrhunderts begann man Gefühlsäußerungen wie das Weinen als medizinisches und psychologisches Phänomen, mitunter sogar als Nervenkrankheit zu betrachten. In Großbritannien stuften die Gesundheitsbehörden «übermäßige» Emotionalität als unnatürlichen, an Hysterie grenzenden Zustand ein.

Heute geht der Trend in die entgegengesetzte Richtung. Nun soll man wieder fähig sein, seine Gefühle zu zeigen. Therapeuten klagen darüber, wie versteinert viele Männer sind, denen das naturgemäße Instrument des Trauerns fehlt: das Weinen.

Wenn man heute auch wieder zum Weinen ermutigt, so wirkt doch öffentliches «Massenweinen» befremdlich. Als im Sommer 1994 der langjährige Führer Nordkoreas, Kim Il Sung, starb, wurde eine gesamtnationale Trauer ausgerufen, und die weltweit verbreiteten Fernsehaufnahmen von Sungs Trauerzug verwirrten die Menschen im Westen: Auf den Gehsteigen drängten sich Nordkoreaner, die heftig und unverhohlen weinten, ohne Scheu vor den Kameras. Manche rauften sich die Haare oder versuchten, die Mauer, die das Zuschauermeer zurückhielt, zu überwinden und sich in den Trauerzug einzureihen. Personenkult, den der totalitäre Staat seinen Bürgern eingeimpft hatte? Vielleicht, doch eine vergleichbare Zurschaustellung von Rührung war auch in Europa noch zu Beginn der Neuzeit weit verbreitet.

Einen öffentlichen Bereich gibt es auch heutzutage in den westlichen Ländern, in dem normale Menschen vor aller Augen weinen: das Fernsehen. Bei vielen Reality-TV-Shows gehört es dazu, seine Gefühle offen zu zeigen und auch zu weinen. Beispielsweise vergießen bei vielen auf Konkurrenz ausgerichteten Wettbewerbsshows diejenigen, die im Finale verlieren, öffentlich Tränen, ob es sich um eine schöne junge Frau handelt, die im Topmodel-Wettbewerb nur zweite wird, oder um einen stämmigen Jäger, der im «Überlebenskampf» seines Stammes auf einer exotischen Insel unterliegt. Die Empfindsameren unter den Zuschauern werden von dieser öffentlichen Fernsehrührung mitgerissen, doch häufig handelt es sich nur um ein sorgfältig konstruiertes Schauspiel. Die Schlussszenen werden nicht selten aus Aufnahmen ganz anderer Situationen zusammengeschnitten, und wenn die Tränen nicht fließen wollen, nimmt man einen Krokodilstränen auslösenden Mentholstift zu Hilfe, der zur Ausstattung von Theatern und Filmproduktionen gehört.

DAS TÖRICHTE
LACHEN

So sol man sich auch vor tölpischem, bäurischem und allzu lautem und missgestaltem Gelächter hüten; auch nicht aus gewonheit ohne not lachen; auch gebiete ich dir, dass du über deine eigenen artigen, wie du meynnst, Schwencken und lustigen Possen selbst nicht lachest. Denn solchs das ansehen hat, als woltest du dich selbst loben. Dem der zuhöret, gebürt solch lachen und nicht dem, der da redet.
Giovanni Della Casa, *Galateo*, 1558

Beim Gehen die Arme schwenken, auf der Straße essen, am Griff des Schirms saugen, sich gewaltsam durch eine Menschenmenge drängeln, auf der Straße laut und lärmend sprechen oder lachen und bei öffentlichen Zusammenkünften flüstern, all das sind bei Frauen Zeichen einer schlechten Erziehung.
Thomas E. Hill, 1873

Die Ratschläge in den Benimmbüchern von Della Casa und Professor Hill wären im Mittelalter auf Unverständnis gestoßen. Ein Mensch, der sie befolgte, hätte als humorlos gegolten. Michail Bachtin stellt in seiner Untersuchung über das Weltbild des Mittelalters fest, dass Gelächter und Parodie in der Volkskultur eine wichtige Rolle spielten. Das groteske, karnevalisierte Lachen erscholl auf den Märkten ebenso wie in der Kirche.

Insgesamt drei Monate lang wurde in den Städten jährlich Karneval gefeiert, das Feiern war also ein wesentlicher Teil des mittelalterlichen Lebens. Beim Karneval wurde die Welt auf den Kopf gestellt, und über alles durfte gelacht werden. Auch am Ostersonntag erklang in den Kirchen Gelächter, weil die Pfarrer Witze erzählten. Dieses «Osterlachen» galt als Symbol für die fröhliche Wiedergeburt. Es gab auch parodistische Liturgien wie die «Liturgie der Säufer» und die «Liturgie der Glücksspieler». Und zu Ehren der Toten wurden Festessen und zügellose Sauforgien veranstaltet.

An den Festtagen waren Marktplätze und Straßen voll von tanzenden Menschen, Narren und Possenreißern. Narren wurden zu Bischöfen gewählt, und als Bischofshut diente Unterwäsche. Überall wurde Alkohol getrunken. Neben der Parodie auf verschiedene Menschengruppen lieferten der menschliche Körper und seine Ausscheidungen den Stoff für das karnevalistische Lachen des Mittelalters. In den Witzen ging es immer um Trinken, übermäßiges Essen, Koitus, Geschlechtsorgane, Urin oder Kot.

Ein gutes Beispiel für den mittelalterlichen Humorbegriff bietet die scherzhafte Anekdote, wie der Dichter Dante dem Hofnarren Gonnella begegnet. Die Hofgesellschaft spielt ein Spiel, bei dem jeder das tun muss, was sein Partner anordnet. Gonnella befiehlt Dante, den Hut abzunehmen, und als dies geschehen ist, lässt Gonnella die Hose herunter und verwendet Dantes Hut als Nachttopf – unter dem schallenden Gelächter der anderen Anwesenden. Dante beobachtet das Ganze gelassen, und als er an der Reihe ist, Anordnungen zu geben, befiehlt er dem Narren, den Hut aufzusetzen.

Der grobe, ordinäre Humor entzückte sowohl die Angehörigen des Hofes als auch das einfache Volk. Ein Zeitgenosse wunderte sich 1571 darüber, dass alle es überaus lustig fanden, wenn irgendwer versehentlich seine «schamlosen Körperteile» oder den Hintern entblößte. Auch wenn jemand plötzlich das nackte Hinterteil des Nebenmannes mit einem heißen Eisen berührte, lachte man ringsherum, obwohl der Betroffene eine Brandwunde davontrug.

Auch zweideutige Witze zum Thema Sex waren beliebt. Gerne wurden Liturgien und bekannte religiöse Texte so abgewandelt, dass man Wörter wie Venus, Phallus oder Geliebte darin unterbringen konnte.

Je nachdem, zu welcher Zeit die Menschen lebten, wurde über sehr unterschiedliche Dinge gelacht. Aristoteles hielt harmlose Hässlichkeit, die keinen Schmerz und keinen Schaden verursacht, für komisch. Nach Ansicht des Philosophen Thomas Hobbes entsteht Lachlust, wenn die Schwächen anderer Menschen uns unsere eigene Vorzüglichkeit vor Augen führen. «Harmlose Hässlichkeit» und «die Schwächen anderer» reizen zwar seit je zum Lachen – was aber jeweils als harmlose Hässlichkeit oder Schwäche gilt, steht auf einem anderen Blatt. Im Mittelalter war das Lachen recht derb und grausam. Man lachte über Menschen, die geistig minderbemittelt waren, von der Norm abwichen oder zu den unteren Ständen gehörten. Der Chronist Pierre de Fenin zum Beispiel beendete seinen Bericht über die Tötung einer Räuberbande mit den Worten: «und erhob man großes Lachen, weil das lauter Leute armen Standes waren».

Über die Bauern wurden auch Spottlieder und sogar überaus grausame Spottgebete ersonnen: «Allmächtiger Gott, der du das Zerwürfnis zwischen den Männern der Kirche und den Bauern verfügt hast, lass uns von der Arbeit der Bauern leben, ihre Frauen und Töchter genießen und uns an ihrem Leid erfreuen.» Oft trat «an die Stelle des Witzes die bare freche Insolenz, der plumpe Betrug, die Blasphemie und die Unflätterei», wie der Kulturhistoriker Jacob Burckhardt schrieb. Beim Karneval ging man häufig maskiert und entzog sich damit jeglicher Kontrolle. Unter einer Maske war es leicht, Passanten zu schmähen und boshafte Anklagen und Gerüchte zu verbreiten.

Gelegentlich waren Schmähung, Demütigung und Lächerlichmachen auch Bestandteil einer Prangerstrafe – *Charivari* –, die eine Gemeinschaft über unbeliebte Personen verhängte. Dieses Phänomen war überall in Süd- und Mitteleuropa bekannt. Die Prangerstrafe war stets öffentlich, und häufig beteiligten sich alle Mitglieder der Gemeinschaft an der Demütigung. Die Gründe für die Maßregelung betrafen fast immer das Privatleben. So wurden zum Beispiel Ehebrecher dem Strafritual unterzogen, sehr häufig auch Ehemänner, die unter dem Pantoffel standen. Wenn ein Mann sich von seiner Frau hatte schlagen lassen, wurde er etwa rückwärts auf einen Esel gebunden, man gab ihm den Schwanz des Esels als Zügel in die Hand und führte ihn unter Gelächter, Spott und lauter Katzenmusik im Triumphzug durch die Stadt. Bisweilen verurteilten sogar Gerichte Männer zu solchen Prangerstrafen. Noch im 18. Jahrhundert war im französischen Languedoc eine übliche Variante dieser Strafe, den Betreffenden in Honig und Federn zu wälzen.

Auch gesellschaftliche Minderheiten blieben nicht verschont. So war es etwa in Rom während des Karnevals üblich, die Juden durch die Stadt zu treiben, während ihre nichtjüdischen Mitbürger sie mit Schlamm bewarfen. Bisweilen nahmen sogar öffentliche Hinrichtungen karnevalistische Züge an: Im 15. Jahrhundert kauften die Einwohner der Stadt Mons einen Räuberhauptmann frei, nur um des Vergnügens willen, ihn zu vierteilen. Einem Zeitgenossen zufolge bereitete dieses Ereignis dem Volk mehr Freude, «als wenn ein neuer heiliger Leichnam auferweckt worden wäre». In Brügge wiederum sah die Bevölkerung gebannt zu, als die des Verrats verdächtigen Mitglieder des Magistrats immer wieder gefoltert wurden. Das Publikum zögerte die von den Opfern erflehte Hinrichtung hinaus, um den Anblick immer neuer Quälereien genießen zu können.

Das Lachen über das Unglück anderer fand seinen Ausdruck auch in der Hofnarrentradition. Die Hofnarren waren in der Regel Kleinwüchsige, Geistesgestörte oder in irgendeiner anderen Hinsicht abnorm. Fra Mariano, der Hofnarr des Renaissancefürsten Lorenzo de' Medici, war für seine Possen und seinen ungeheuren Appetit bekannt. Er jagte Hühner quer über die Tische des Speisesaals, tötete sie, sobald er sie zu fassen bekam, und beschmierte sich mit ihrem Blut. Außerdem veranstaltete er beim Essen mit den anderen Narren Kampfspiele, bei denen das Besteck als Waffe verwendet wurde.

Verrückte Narren wurden durchaus geschätzt; ein Verrückter durfte reden, wie er wollte, weil er als unzurechnungsfähig galt. Geistesgestörte wurden zwar verspottet und verlacht, aber immer akzeptiert. Manche Narren waren gebildet und intelligent, manche tatsächlich geisteskrank. Im Mittelalter hatte man eine unbefangene Einstellung zu geistigen Krankheiten: Da es keinerlei Pflegeeinrichtungen gab, konnte man Verrückten überall begegnen. Die professionellen Narren sorgten an den Höfen für Unterhaltung, die Geisteskranken wiederum standen im Dienst wohlhabender Häuser.

Zwar waren die Narren Günstlinge der Herrscher, doch auch für ihre vorlaute Art gab es Grenzen. Der letzte offizielle Hofnarr in Frankreich wurde wegen seines boshaften und frechen Benehmens entlassen. Er hatte die Angewohnheit, hinter dem Stuhl des Sonnenkönigs Ludwig XIV. zu sitzen und die Tischgäste zu verhöhnen, die nichts zu sagen wagten, was den spitzzüngigen Narren hätte reizen können.

Die groben Späße und Derbheiten reduzierten sich vom 17. Jahrhundert an im Zuge des allgemeinen «Zivilisationsprozesses» und vor allem durch die Reformation. In der Folgezeit wurden Geisteskranke, ebenso wie Arme, Verbrecher und Arbeitslose, in verschiedenen Anstalten isoliert. Mit anderen Worten: Gerade die Gruppen, gegen die sich die größte Schadenfreude richtete, wurden aus der Bevölkerung ausgeschlossen.

Das Lachen wurde nun aus «moralischen» Gründen kontrolliert. Die deutschen und englischen Pietisten forderten den Verzicht auf weltliche Vergnügungen und Freuden. Sie verurteilten Ausflüge, Spiele, Komödien und Gelächter.

Philip Stanhope, besser bekannt als Lord Chesterfield und Autor von vierhundert Briefen an seinen Sohn (*Letters to His Son on the Art of Becoming a Man of the World and a Gentleman*), missbilligte Lachen auf das äußerste. In einem Brief aus dem Jahr 1748 betont er, dass man sich beim Zeigen von Fröhlichkeit zurückhalten sollte.

Ich wünsche herzlich, dass man dich zeit deines Lebens oft mag lächeln sehen, niemals aber lachen hören. Häufiges und lautes Gelächter ist das Kennzeichen der Thorheit und übler Sitten; es ist die Art, auf die der Pöbel seine einfältige Freude über einfältige Dinge ausdrückt, und das nennt er denn Lustigkeit. Meines Erachtens ist nichts so unedel und ungezogen als lautes Gelächter. Ich bin weder schwermütig noch cynischer Gemütsart, und ebenso geneigt und tüchtig, lustig zu seyn, als jeder andrer. Das weiß ich aber sicher, dass mich, seitdem ich den völligen Gebrauch meiner Vernunft gehabt habe, niemand jemals hat lachen hören.

In England versuchte das Königshaus, das noch an der vergnügungsfreudigen Kultur des Mittelalters festhielt, die strengen Moralvorstellungen der Pietisten mit allen Mitteln abzuwehren. Es ordnete sogar an, die Zahl der volkstümlichen Lustbarkeiten zu erhöhen. Verstöße gegen diese Anordnung wurden streng bestraft. Die Strafen machten jedoch

keinen Eindruck auf die Puritaner, die in der Brauchtums-
kultur Nordeuropas eine bleibende Spur hinterließen. Lustbarkeiten waren für sie, ebenso wie Sport, verdächtig; sie
galten als Genuss, der Ehrgeiz und rohe Instinkte weckte.
Jede impulsive Lebensweise – ob Sport oder Kneipenbesu-
che – war nach Ansicht der Puritaner ein Feind der vernünftigen Askese. Auch in den Benimmbüchern erschienen nun
Anweisungen, die unnötiges Gelächter und vor allem Schadenfreude unterbinden sollten:

*Es zeugt von einem bösen Charakter, wenn man über einen
anderen lacht, der ausgeschimpft oder bestraft wird.*
  Antoine de Courtin, *Nouveau traité de la civilité*, 1671

Der zitierte Satz zeigt, dass Humor gegen Ende des 17. Jahrhunderts deutlich restriktiver begriffen wurde als zuvor. Man
durfte nicht mehr alles parodieren, und nur unmoralische
oder verkommene Menschen lachten ständig. Die gesellschaftliche Elite begann den Volkshumor für zu ordinär und
peinlich zu halten.

Trotz allem konnten die neuen Verhaltensnormen auch
im 18. Jahrhundert nicht alle ausufernden Scherze und Derbheiten unterbinden. Beispielsweise zählte es im Russland
Peters des Großen weiterhin zu den bevorzugten Vergnügungen der Leute, sich über Zwerge, Geisteskranke und
Krüppel lustig zu machen. In Frankreich wiederum trieb
man seine Späße auf Kosten der Tiere. Als französische Arbeiter 1730 die Katze einer Kaufmannsgattin töteten, weckte
diese Tat allgemeine Heiterkeit und Gelächter und führte
schließlich dazu, dass alle Katzen der Umgebung eingefan-
gen, feierlich zum Tode «verurteilt» und schließlich erwürgt
wurden. Der von den Arbeitern verübte Massenmord an den
Katzen stieß überall auf Amüsement und wurde zum Thema
zahlreicher Karikaturen. Heute würde man ein derartiges

Gemetzel durchaus nicht lustig, sondern eher widerlich finden. Warum also lachten die Menschen des 18. Jahrhunderts darüber? Katzen waren typische Haustiere des Bürgertums, für das die Arbeiter natürlich keine Sympathie aufbrachten. Im Hintergrund wirkte auch die alte karnevalistische Tradition nach: Im Mittelalter richteten sich Rücksichtslosigkeit und Spott unter anderem gegen Katzen, die lebendig verbrannt wurden. Tiere zu quälen galt als großes Vergnügen, und in der Reformationszeit kannte man zum Beispiel in England ein Ritual, bei dem die Katze zuerst kahlgeschoren, dann als Pfarrer verkleidet und schließlich gehenkt wurde.

Früher lachte man also hauptsächlich über diejenigen, mit denen man sich in keiner Weise identifizieren wollte: Tiere, von der Norm abweichende Menschen, andere soziale Schichten und religiöse Gruppierungen. Während der Französischen Revolution lachte man über die zur Hinrichtung geführten Aristokraten. In Großbritannien fanden im 18. und 19. Jahrhundert Jahrmärkte statt, auf denen Riesen und Zwerge ausgestellt wurden. Die Reklametexte sind bezeichnend: Von einem Kleinwüchsigen heißt es, er sei von «bizarrer» und «erheiternder» Gestalt. Im 19. Jahrhundert wurden auf den britischen Märkten auch Afrikaner vorgeführt: Schwarze «Kannibalen» wurden auf den Marktplatz gebracht, wo sie «rohes Fleisch aßen und den Kriegstanz tanzten». Das höhnische Gelächter bekräftigte die als selbstverständlich geltende Kluft zwischen den Zivilisationen, den Unterschied zwischen der europäischen und der afrikanischen Kultur.

Schadenfreude und Hofnarrentradition lebten als eine Art Vergnügung für das ganze Volk in der Institution des Zirkus fort, wo noch in der ersten Hälfte des 20. Jahrhunderts alle möglichen Absonderlichkeiten gezeigt wurden: die fettleibigsten Menschen der Welt, dreibeinige Männer oder bärtige Frauen. Heute würde man die öffentliche Zurschaustellung solcher sogenannten «Freaks» für unmoralisch halten, doch andererseits hat die Schadenfreude im Fernsehen ein neues Zuhause gefunden. Viele Formate des Reality-TV basieren darauf, dass ganz normale Menschen sich durch albernes Verhalten in Alltagssituationen lächerlich machen. Manche dieser Formate, die auf dem Wettbewerbsprinzip beruhen, zwingen die Teilnehmer, gefährliche oder schmerzhafte Aufgaben auszuführen – dann ist das Lachen der Zuschauer schlicht grausam.

Der Schriftsteller Salman Rushdie sah sich zu Beginn des 21. Jahrhunderts einige Reality-TV-Shows an und stellte fest, in moralisch fragwürdigen Wettbewerbsprogrammen sei es «‹gut›, betrügerisch zu sein, ‹gut›, böse zu sein». Er leitete daraus die Frage ab, wann wir den ersten echten TV-Tod zu sehen bekommen. Dennoch hält der Siegeszug des Reality-TV weiterhin an, und immer neue Kandidaten brennen darauf, teilnehmen zu dürfen. Wenn der amerikanische Künstler Andy Warhol in den sechziger Jahren noch prophezeite, in der Zukunft werde jeder davon träumen, 15 Minuten lang berühmt zu sein, so hat es heute den Anschein, dass schon 15 Sekunden genügen.

DAS ERSCHRECKENDE, VERRÜCKTE LACHEN

Warum wird eine an sich fröhliche Angelegenheit, das Lachen, im falschen Zusammenhang als unzivilisierte Äußerung verstanden? Weil Lachen seinem Wesen nach eine brutale und impulsive Geste ist; weil es Teil der spontanen Emotionalität ist, die ein «zivilisierter» Mensch im Griff haben muss. Lachen kann auch deshalb Furcht erregen, weil es die Zähne freilegt, ein altes Zeichen für Gewaltandrohung. Erasmus von Rotterdam betonte deshalb in seinem Benimmbuch die Notwendigkeit eines gezügelten Lachens: Man dürfe zwar lachen, aber weder zu laut noch mit weit aufgerissenem Mund. Ein solches «sardonisches» Lachen hielt Erasmus für unschicklich, weil es eine Angewohnheit der Hunde sei, die Zähne zu fletschen. Sofern man sein Lachen nicht kontrollieren konnte, sollte man Erasmus zufolge lieber das Gesicht verbergen:

Wil sich aber eyner frölich erzeigen, so erzeig er sich also, dass er die gestalt des mundes nicht verziere und nit ein frech gemüt anzeyge. Die narren pflegen also zu sagen: Ich hab mich schier kranck gelacht. Ich lach, dass ich auffhüpffe. Ich bin schier gestorben vor lachen. Und wenn die Sach ja so gar lecherlich ist, dass man sich nit enthalten könne, so halt man fein die hand odder eyn tüchleyn für das angesicht.
Erasmus von Rotterdam, *De civilitate morum puerilium*, 1530

Im Lachen verbirgt sich immer auch eine Spur von Angst. Hinter dem Komischen steckt ein seltsames und erschreckendes Ereignis, etwas, das befremdet und deshalb Furcht erregt. Wenn man dieses Befremdliche nicht zu ernst nimmt, lacht man. Das Lachen erzeugt ein Wohlgefühl, denn es ist Ausdruck dafür, dass man der Gefahr entgangen ist.

Je höher dein Rang, desto bescheidener und demütiger sollst du sein. Lache nicht zu oft, denn die Verrückten erkennt man an ihrem Lachen.
Schrift aus der Lambeth Palace Library, um 1350

Im Lachen steckt auch deshalb etwas Unheimliches, weil Wahnsinn und Lachen nahe beieinanderliegen. Wenn jemand im Bus alleine weint, versteht man dies einfach als Zeichen für Trauer. Wer alleine lacht, wird hingegen schnell für verrückt gehalten. Lachen ist also nur in Gesellschaft erlaubt. Erasmus fasste den Sachverhalt in der Feststellung zusammen, alleine in der Öffentlichkeit zu lachen, sei typisch für Verrückte; falls es einem unversehens passiere, solle man deshalb tunlichst die anderen über den Grund des Gelächters aufklären. Auch der französische Philosoph Henri Bergson hob später den sozialen Charakter des Lachens hervor:

Hinter dem Lachen steckt bei aller Offenheit immer ein heimliches Einverständnis, ich möchte fast sagen eine Verschwörung mit anderen wirklichen oder imaginären Lachern. (…) Um das Lachen zu verstehen, müssen wir es wieder in sein angestammtes Element versetzen, und das ist die Gesellschaft.

Wenn die anderen lachen, ist es in der Regel angebracht, einzustimmen. Lachen steckt an, notfalls auch auf Umwegen. Gerade wegen dieser Massenkraft des Lachens wurden in den USA die mit Gelächter unterlegten Unterhaltungssendungen erfunden, bei denen das Publikum im Studio die Aufgabe hatte, zu lachen und dadurch auch die Zuschauer zu Hause auf dem Sofa zum Lachen zu bringen. Doch weil das Studiopublikum womöglich an den falschen Stellen oder auf die falsche Art lachen konnte, entwickelte man in den fünfziger Jahren separat aufgenommene Lachkonserven, den sogenannten «laughing track», der bei der endgültigen Bearbeitung hinzugefügt wurde. In Europa wurde das beigefügte Lachen – ob vom Studiopublikum oder vom Band – nie in dem Maß zur Norm wie im amerikanischen Fernsehbetrieb. Einige Forscher meinen, dass die mit Lachern versehenen Fernsehsendungen das amerikanische Publikum zum unkritischen Umgang mit den Medien erzogen hätten. Manche behaupten sogar, ohne das zum Programm gehörende Lachen könnte das amerikanische Publikum den Unterschied zwischen einer Komödie und einem ernsten Drama gar nicht erkennen.

Obwohl Lachen ein Gemeinschaftsgefühl erzeugt, kann es gleichzeitig eine aggressive Atmosphäre schaffen. Lachen verstärkt Freundschaftsbande, grenzt aber auch aus: Wer nicht über dasselbe lachen kann wie die anderen, fühlt sich als Außenseiter, und eine Person, über die man spöttisch lacht, wird möglicherweise feindselig reagieren. Die Lachenden selbst sind jedoch selten aggressiv. Oder, wie der Verhaltensforscher Konrad Lorenz schreibt: «Bellende Hunde mögen gelegentlich beißen, doch lachende Menschen schießen nie.»

VI
AGGRESSIVITÄT

*Es gibt Männer, die einzig und allein eine körperliche Strafe
zur Vernunft bringt, und mit solchen bekommen wir alle
irgendwann im Leben zu tun. Eine Lady wird von einem
unnachgiebigen Kahnführer oder einem frechen und
unehrlichen Kutscher beleidigt oder belästigt. Ein einziger
gut plazierter Schlag bringt die Angelegenheit in Ordnung.
Es stimmt, dass dies brutal ist und gewiss nur ein letztes Mittel
sein sollte; aber zu letzten Mitteln werden wir oft getrieben,
und Entschlossenheit macht der Unverschämtheit ein Ende.
Ich würde daher sagen, man sollte seine Fäuste zu gebrauchen
wissen, sie aber nie einsetzen, solange irgendein anderes
Argument verfügbar ist, doch wenn alles andere versagt,
greife man zu diesem natürlichen und äußerst überzeugenden
Argument. Deshalb sollte ein Mann, ob er ein Gentleman
sein will oder nicht, das Boxen lernen.*

Jane Aster, *The Habits of good society*, 1859

DIE AUTORIN des ursprünglich im viktorianischen London erschienenen und auch in den Vereinigten Staaten populären Benimmbuchs, die unter dem Pseudonym «Mrs. Jane Aster» schrieb, benennt den wichtigsten und eigentlichen Grund von Benimmregeln: Sie zähmen die latente Aggressivität und leiten die Menschen dazu an, ihre Gefühle im Umgang mit anderen zu kontrollieren. Wie aus dem Zitat hervorgeht, war es noch im 19. Jahrhundert, sofern die «Ehre» einer Frau auf dem Spiel stand, völlig korrekt, einem Mann, der sich schlecht benahm, mit der Faust ins Gesicht zu schlagen, doch hatte dies «gentlemanlike» zu geschehen. Ein Gentleman musste die Regeln des Boxens beherrschen.

Wenn es keine Verhaltensregeln gibt oder man sie nicht befolgt, entsteht schnell Feindseligkeit. Das Verhalten braucht nicht einmal offen drohend zu sein – schon das Fehlen höflicher Blicke und Gesten kann offene Aggressivität auslösen. Ein höflicher Mensch der Gegenwart hätte sich in der Welt des Mittelalters kaum behaupten können, denn damals war es nahezu unmöglich, Aggressionen aus dem Weg zu gehen.

Im Jahr 967 wurde der sächsische Adlige Wichmann Billung der Jüngere von den Truppen des polnischen Fürsten Mieszko gefangen genommen. Wichmann hatte lange gegen seinen Onkel, Herzog Hermann, gekämpft, dessen Verbündeter Mieszko war. Wichmann versuchte zu fliehen, wurde jedoch umzingelt und kämpfte bis zur Erschöpfung. Als Mieszkos Soldaten erfuhren, wer er war, boten sie ihm freies Geleit durch das feindliche Gebiet an. Wichmann, der seinen Adelsrang nicht vergessen hatte, weigerte sich, Rangniederen zum Zeichen der Kapitulation die Hand zu geben. Stattdessen verlangte er, dass Mieszko herbeigeholt werde, damit er diesem persönlich seine Waffen aushändigen könne. Die Soldaten kamen der Bitte zwar nach, doch während man auf den Fürsten wartete, wurde weitergekämpft, da Wichmann die Waffen ja nicht niedergelegt hatte, und dabei wurde er schließlich getötet.

Die Selbstachtung und der Ehrbegriff Wichmann Billungs wirken heute absurd, doch im 10. Jahrhundert hielt man sein Verhalten für heldenhaft und völlig verständlich. Der Aristokrat schied so aus dem Leben, wie es sich ziemte: seine Ehre mit dem Schwert verteidigend.

Die Kultur des Mittelalters war in jeder Hinsicht roher und die Wechselwirkung zwischen den Menschen direkter als heute. Da man seine Gefühle offener zeigte, konnte ein Scherz rasch in einen blutigen Kampf ausarten. Ein Florentiner veranstaltete 1216 ein Fest, zu dem Magnaten der Stadt eingeladen waren. Während des Essens schnappte ein Narr dem jungen Buodelmonti die Schüssel weg, worüber sich alle außer dem Genarrten amüsierten. Als Herr Arrighi Buodelmontis Humorlosigkeit tadelte, kam es zum Streit. Arrighi warf Buodelmonti die Schüssel an den Kopf, der wiederum stach mit dem Messer nach ihm. Zwischen den beiden Familien entflammte der berühmteste Streit in der Geschichte der Stadt, der sich so sehr zuspitzte, dass die Beteiligten einander schließlich auf Seiten der Papstanhänger (Guelfen) beziehungsweise der Kaisergetreuen (Ghibellinen) bekämpften.

Dieser bei einem Festessen entstandene Zwist führte Jahrzehnte später dazu, dass der Vater der italienischen Hochsprache, Dante Alighieri, aus Florenz verbannt wurde. Dante war ein Guelfe und versetzte in seiner *Göttlichen Komödie* seinen schlimmsten Feind, einen Ghibellinen, in die Kloake der Hölle. Vergil, Dantes Führer in der Hölle, preist dabei sogar den gerechten Zorn des stolzen Dante.

Beleidigung war im Mittelalter buchstäblich eine todernste

Angelegenheit, und in allen sozialen Schichten war man bereit, zum Messer zu greifen, wenn jemandes Ehre verletzt wurde. Die Warnung in den *Disticha Catonis*, einem mittelalterlichen Benimmbuch für Schüler, war also begründet: «Wenn deine Gefährten dich erzürnen, sorge dafür, nicht so heißblütig zu sein, dass du es später bereust.» Durch den Einsatz physischer Gewalt wurde auch die soziale Stellung eines Menschen definiert: Wer Eigentum besaß, musste imstande sein, es zu verteidigen. Jemand, der nicht fähig war, wie ein Krieger zu kämpfen, konnte in der Feudalgesellschaft letzten Endes nichts besitzen.

Gewaltbereitschaft gegenüber Menschen von niederem Stand war eine Selbstverständlichkeit, wie aus dem Ratschlag hervorgeht, den der angelsächsische König Alfred der Große seinem Sohn gab: «Sprich weise, damit die Menschen dich lieben. Wenn du auf der Straße einem Betrunkenen begegnest, lass ihm Platz, vorbeizugehen, damit ihr euch nicht entzweit. Du tust gut daran, vor einem dich schmähenden und verrückten Mann fortzulaufen, *denn du kannst ihn später verprügeln.*» In den Städten konnte jeder Angehörige des Ritterstandes sowohl Geistesgestörte als auch Bauern und Sklaven auspeitschen und schlagen, ohne gegen die Stadtordnung zu verstoßen.

Kämpfe, Schlägereien und das Jagen waren im Mittelalter alltägliche Handlungen, und vor allem für die Adligen stellte Gewalt einen Teil des Lebensgenusses dar. Als die katholische Kirche im 13. Jahrhundert zusammen mit dem Adel einen blutigen Kreuzzug gegen die Katharer in Südfrankreich führte, berichtete einer der Sieger, er habe freudigen Herzens zugeschaut, als die Ketzer verbrannt wurden. Es fiel den Menschen schwer, sich mit anderen zu identifizieren, von denen man durch Religion und Rituale getrennt war. Man verhielt sich so, wie es sozial notwendig und vernünftig war; selbst wenn man Schwächere gelegentlich bedauerte, ließ die

Angst vor der eigenen unsicheren Zukunft kein Mitleid mit anderen zu.

Keine Speise und kein Trank schmeckt mir so gut wie das, dass ich von allen Seiten Rufe vernehme: «Vorwärts» und «Helft, helft», dass ich sehe, wie die Pferde durchgehen und die großen Männer auf das Gras fallen, das bereits mit toten, von Speeren durchbohrten Leibern bedeckt ist!

So sang im 12. Jahrhundert der beliebte Troubadour Bertran de Born. Für den Adel war der Krieg tatsächlich eine Lebensweise. Die Ritter verbrachten einen großen Teil ihres Lebens umherziehend und kämpfend. Bei den blutigen Zusammenstößen wurde die Loyalität des eigenen Lagers gestärkt, und man freute sich über die Bedrängnis des Gegners.

Die Theologen des 12. und 13. Jahrhunderts begründeten kriegerisches Handeln mit dem Begriff des «berechtigten Krieges», worunter man das Recht verstand, sich selbst und sein Land *(patria)* zu verteidigen. Kriegführung «im guten Glauben» war keine Sünde und brachte den Kämpfer nicht in die Hölle. Gerechtfertigte Kriegführung wurde vielmehr als gottgemäß angesehen und diente der Ahndung von Sünden und Verbrechen. Der Historiker Frederick Russell, der das Lehrgebäude der mittelalterlichen Kriegführung untersucht hat, vertritt die Auffassung, dass bereits die Scholastiker des Hochmittelalters den Menschen für ein aggressives Wesen hielten, das bei der Verteidigung seines Reviers tötet und stirbt. Dieses harte Menschenbild der Scholastiker hat große Ähnlichkeit mit den Auffassungen moderner Verhaltensforscher.

HOHE MINNE
UND GASTFRIEDEN:
FRÜHE MITTEL
GEGEN GEWALT

Die südfranzösische Stadt Carcassonne wird von der größten mittelalterlichen Festung Europas beherrscht. Ihre zweiundfünfzig Türme umschließen eine kleine Burgstadt mit Geschäften, Kirchen und Restaurants. Die Stadt, eine der beliebtesten Touristenattraktionen in Frankreich, bezaubert durch ihre Lebendigkeit. Handwerker und Künstler, die sich dort niedergelassen haben, organisieren mittelalterliche Musikfeste und Kunstereignisse. Sie stellen auf ihre Weise sicher, dass die mittelalterlichen Traditionen nicht in Vergessenheit geraten. Die Einwohner von Carcassonne haben Grund zu feiern, denn sie sind Nachkommen der Troubadoure. In Carcassonne brachte man im 12. Jahrhundert den Burgfräulein romantische Ständchen dar und pries den Edelmut der Ritter.

In solchen Burgen verbrachten die jungen Ritter ihre Zeit hauptsächlich mit gegenseitigen Beleidigungen und Rangeleien. Allzu große Aggressivität wurde mit unterschiedlichen Mitteln gezügelt, beispielsweise mit dem Minnewesen: So setzte der Feudalherr unter Umständen seine Gattin als Köder ein, als Liebesverheißung, um die unverheirateten Ritter mittels der Frauenverehrung dazu zu bringen, ihre Instinkte zu kontrollieren und sich «ritterlich» zu benehmen.

Zur Zügelung der Aggressivität legten die Ritter ferner Friedensschwüre ab, und dieser Brauch verbreitete sich auch in anderen Teilen der Gesellschaft. Im 11.–13. Jahrhundert kamen die Menschen einer Region zusammen, um gemeinsam zu trinken und zu essen, und schworen sich gleichzeitig Frieden, Solidarität und Freundschaft.

Die Festtafel ist seit jeher ein wichtiger Ort, um Freundschaft zu zelebrieren. Speis und Trank sind Zeichen für Verbündung und Freundschaft. Sie symbolisieren das Teilen und veranschaulichen somit die Bindung zwischen denjenigen, die sich um die Tafel versammelt haben. Die englischen Begriffe für Gastgeber – *host* – und Gast – *guest* – gehen beide auf das indogermanische Wort *ghostis*, Fremder, zurück. Das uralte Stammwort enthält einen interessanten Hinweis auf die Rollen des Gastgebers und des Gastes: Den einen gibt es nicht ohne den anderen.

Gastgeber und Gast verwirklichen die Gesetze der Gastfreundschaft, wobei das Anbieten und Annehmen der Speisen auf einem Gleichgewicht des Schreckens beruht. Im Hintergrund kann Feindseligkeit lauern. Der Empfang eines Gastes oder die Annahme einer Einladung ist ein Zeichen dafür, dass beide Seiten für eine bestimmte Zeit miteinander verbunden sind. Der Gemeinschaft zuliebe akzeptieren sie die Verpflichtungen dieses Friedens und dieser Ordnung.

Die Rolle des Gastes ist dabei immer respektiert und unantastbar. In Gallien und im Reich Karls des Großen hielt man es für unvorstellbar, einer Person Schaden zuzufügen, mit der man ein Festmahl geteilt hatte. Das Salische Gesetz der Franken, die *Lex Salica*, das später in vielen europäischen Ländern die Thronfolge regelte, sah im Frühmittelalter strenge Strafen für die Tötung eines Gastes vor. In einem solchen Fall mussten sich alle Anwesenden an der Vergeltung beteiligen. Gesetzliche Vorschriften über die Behandlung von Gästen waren wichtig, denn in der damaligen Zeit galten alle Fremden mehr oder weniger als Feinde. Durch Festmähler wollte man die Angst verringern, die jeder Fremde erst einmal erregte. Den Franken war die Gastfreundschaft so wichtig, dass ihre Regeln bestimmten, der Gast müsse alles annehmen, was ihm angeboten wurde. Als Karl Martell 732 die fertiggedeckte Tafel verließ, wusste Eucherius, der Erzbischof von Orléans, dass er zu seinem Feind geworden war.

In der Karolingerzeit entwickelten sich Tischsitten, die dazu dienten, die Sicherheit der Anwesenden zu gewährleisten. Wenn ein Gast am Esstisch ein Messer brauchte, wurde es ihm von einem Diener gereicht, und der Gast gab es nach Gebrauch an den Diener zurück, wobei er es vorsichtig an der Spitze der Klinge hielt. Eine andere Regel betraf das Trinken. Wer das große Trinkgefäß mit beiden Händen hob, riskierte sein Leben, denn seine Brust war ungeschützt. Es bestand die Gefahr, dass jemand aus der Tischgesellschaft die Gelegenheit nutzte und seinen Feind umbrachte. Daher durfte man nicht in kleinen Schlucken trinken. Wenn man hingegen den Becher in einem Zug leerte, verringerte sich die Zeit der Schutzlosigkeit. Bisweilen bat der Betreffende auch einen Tischnachbarn, ihn zu schützen. Während der Trinkende mit beiden Händen das große Trinkhorn hob, hielt sein Kumpan Wache, die Hand an der Waffe.

In jenen unsicheren Zeiten waren diese Vorsichtsmaßnahmen keineswegs überflüssig. Theoderich der Große zum Beispiel ermordete im 5. Jahrhundert den Germanenkönig Odoaker bei einem Trinkgelage. Der englische König Eduard der Märtyrer wurde 978 getötet, während er das Trinkgefäß an den Mund hob. Noch im 18. Jahrhundert legten an der Universität Oxford die anderen Zechbrüder die Daumen auf den Tisch, während einer von ihnen sein Glas leerte. Kein Wunder also, dass es in vielen Kulturen, etwa bei den Wikingern, üblich war, für die Dauer eines Festes den Trinkfrieden zu verkünden und für diese Zeit alle Ressentiments zu vergessen. In der isländischen Egil-Saga kann man nachlesen, dass es als äußerst unmanierlich galt, den Trinkfrieden zu brechen.

ZWEIKÄMPFE
UND
BLUTRACHE

Im Mittelalter war die Dorfgemeinschaft ein geschlossenes Gebiet, in dem ein Eid oder eine Übereinkunft für friedliches Verhalten sorgte. Die Dorfältesten sorgten dafür, dass die innere Harmonie der Gemeinschaft durch Schwüre bewahrt blieb. Man bemühte sich, die Aggressivität auf das Gebiet außerhalb des Dorfes zu lenken, auf alles, was das Gemeinwohl bedrohte. In unsicheren Zeiten war das Zuhause oder das Dorf eine Festung, die man mit Waffengewalt verteidigen musste. Wenn Friedensschwüre nicht genügten, um die innere Ordnung aufrechtzuerhalten, verfasste man dorfeigene Gesetze. Im 13. Jahrhundert wählten zum Beispiel die Bauern im englischen Halesow vier Männer, deren Aufgabe es war, die Geldstrafen für Körperverletzungen festzusetzen.

Sofern das Dorf keine eigenen Gesetze hatte, kannte das Rechtssystem des Hochmittelalters nur eine Methode der Wiedergutmachung von Verletzungen oder Beleidigungen: den Zweikampf. Der fränkische Ritter Alexios, der im 12. Jahrhundert lebte, beschrieb sich selbst mit den Worten:

Ich bin ein reiner und echter Franke von adliger Geburt, doch eines weiß ich gewiss: In dem Land, aus dem ich stamme, gibt es an einer Wegkreuzung eine alte Kirche. Jeder, der Mann gegen Mann kämpfen will, geht zum Zweikampf ausgerüstet dorthin. An dieser Kreuzung habe auch ich gestanden, wartend und hoffend auf einen Mann, der mit mir kämpfen will, doch niemand hat es gewagt.

Hartvig Frisch, *Europas kulturhistorie*, 1928

Der Zweikampf war bis ins 13. Jahrhundert eine Form der Rechtsanwendung, in die sich keine öffentliche Institution einmischte. Die Popularität des Zweikampfs beruhte auf dem Glauben, dass Gott selbst über den Ausgang des Kampfes entschied. Derjenige, der sich im Recht wähnte, konnte nicht unterliegen, da Gott auf seiner Seite kämpfte. Es war selbstverständlich, dass man Herausforderungen annehmen musste, denn eine Weigerung wäre als deutliches Anzeichen von Feigheit aufgefasst worden. Im Zweikampf konnte man nicht nur seine verletzte Ehre retten, sondern auch sein Ansehen in der Öffentlichkeit steigern, also soziales Kapital gewinnen. Im Zweikampf ging es mithin nicht immer ausschließlich um Gerechtigkeit, Wiedergutmachung oder andere ethische Prinzipien.

Obwohl das von Amtspersonen aufrechterhaltene Rechtssystem im 13. Jahrhundert in Europa Fuß fasste, forderten insbesondere die Adligen noch bis zum Beginn des 19. Jahrhunderts Gegner zum Zweikampf heraus. Die Oberschicht hing an der Feierlichkeit und Romantik des Ritterideals: Das Duell musste an einem unbewohnten Ort stattfinden, meist in der Morgendämmerung, wenn die ersten Sonnenstrahlen zu sehen waren, und entsprach der Forderung, dass eine Beleidigung blutig gerächt werden müsse. Im Zweikampf galten jedoch gewisse Regeln: Beide Seiten mussten die gleichen Waffen verwenden, und der Kampf begann erst auf ein Zeichen. Johan Huizinga zufolge wies der Zweikampf auch Züge eines ritualisierten Spiels auf.

Wenn derjenige, dem eine Beleidigung vorgeworfen wurde, im Mittelalter nicht zum Zweikampf bereit war, musste man mit einer Blutrache, einer Vendetta, also dem Kriegszustand zwischen zwei Familien rechnen. Die allgemeine Auffassung besagte, dass «Geist in der Rache» sein müsse: Die Satisfaktion bestand darin, den Beleidiger durch die Rächung sowohl konkret zu schädigen, als auch in seiner Würde zu demütigen. Die Verwirklichung der Blutrache war Sache der Männer, die ihre Fähigkeit zeigen mussten, sich selbst, ihre Familie und ihre Sippe zu verteidigen. Beispielsweise legte eine Vorschrift des Gerichts in Florenz aus dem 14. Jahrhundert fest, dass nur das Oberhaupt der Familie die Vendetta vollziehen dürfe. Es dauerte noch Jahrhunderte, bis die Obrigkeit fähig war, Konflikte zwischen Familien auf anderem Wege zu regeln und einzudämmen.

War der Umgang unter den Adligen im Mittelalter vorwiegend von Gewalt geprägt, so ließ auch die Selbstbeherrschung der Geistlichen zu wünschen übrig. Der Erzbischof von Sens zum Beispiel geriet 1492 in Streit mit den Domherren von Paris. Als er aus der Kirche trat, stürzten sich zwei Domherren und eine Schar anderer Pfarrer auf ihn. Sie zerbrachen das Bischofskreuz, verrenkten dem Erzbischof den Arm und rissen seinen Dienern Haare aus. Als der Erzbischof versuchte, die Angreifer zu besänftigen, schlugen sie ihn auf den Bauch und zerrissen seinen Bischofshut. Der eine Domherr beschimpfte den Erzbischof lauthals und packte ihn am Arm, so dass sein Hemd zerriss. Hätte der Erzbischof nicht schützend den Arm gehoben, hätte der Domherr ihn ins Gesicht geschlagen, berichtete ein Zeitgenosse.

Auch zu Beginn der Neuzeit benahmen die Menschen sich äußerst rüde. Physische und verbale Gewalt waren immer gegenwärtig, zum Beispiel in den Kneipen, wo man viel lärmte, viel trank, Frauen begrapschte und sich stritt. In der Herberge musste man die Zinnkrüge mit Ketten an den schweren Tischen befestigen, damit sie nicht als Schlagwaffen verwendet wurden. Im 17. Jahrhundert trugen die meisten Einwohner Amsterdams ein Messer bei sich, und sobald jemand bei einer Schlägerei in der Kneipe sein Messer zog, taten es ihm alle anderen sofort nach; man lebte in ständiger Angriffsbereitschaft.

Auf den Straßen musste man sich vor Rabauken fürchten, und es war ratsam, auch hier zur Selbstverteidigung ein Messer bei sich zu tragen. Sir William Wentworth riet 1607 seinem Sohn, niemandem zu trauen, da ihn doch alle nur irgendwie ausnutzen wollten; jedermann könne im Handumdrehen zum Feind werden, und um in der Welt zurechtzukommen, müsse man eine extreme Selbstkontrolle entwickeln und nach außen hin höchst zurückhaltend, verschwiegen und sogar doppelzüngig sein.

VON DER SELBSTVERTEIDIGUNG IM MITTELALTER ZUM URBANEN SELBSTSCHUTZ

Selbstkontrolle und Misstrauen sind weiterhin angebracht, wenn man in einer Großstadt unterwegs ist. Die obenerwähnten Ratschläge von Wentworth aus dem 17. Jahrhundert charakterisieren auch das Verhalten des modernen Städters, für das es im Englischen den treffenden Ausdruck «street wise» gibt. Im öffentlichen Raum halten wir Abstand von anderen Menschen: Wir suchen keinen Kontakt, sondern vermeiden ihn eher, da Fremde unbekannt, unberechenbar und unzuverlässig sind, also potentiell «böse».

Doch da wir von Natur aus gleichzeitig sozial sind und eine Gemeinschaft brauchen, knüpfen wir Kontakt zu unseren Nachbarn und verwandeln so unseren Stadtteil in ein moralisch sakrosanktes Gebiet, in ein Revier für uns und Menschen unserer Art. Mit anderen Worten: Wir wollen um uns herum eine bekannte und sichere Gemeinschaft bilden, ein «eigenes Feld», das begrenzter und überschaubarer ist als die ganze gesichtslose Großstadt.

Ein solches eigenes Revier kann jedoch auch die Abgrenzung und Isolation des Gebiets und seiner Bewohner, die Ghettoisierung, bedeuten. Das Wort «Ghetto» stammt aus der europäischen Geschichte der Juden: Sie bildeten in den Städten schon früh ihre eigenen Wohnviertel, doch Anfang des 16. Jahrhunderts wies der Stadtstaat Venedig den Juden ein eigenes Gebiet zu, das durch Mauern und Tore vom Rest der Stadt abgegrenzte *Gheto novo*. Auch später wurden die jüdischen Viertel allgemein als Ghetto bezeichnet; in der Zeit des Nationalsozialismus erhielt diese Bezeichnung einen besonders sinistren Klang.

Das Wort «Ghetto» hat heute eine breitere Bedeutung; es kann ein Problemgebiet oder einen Slum in jeder beliebigen Großstadt bezeichnen. Die Bewohner eines solchen Ghettos verbindet ihre ethnische Herkunft oder ihr Migrationshintergrund; häufig sind diese Viertel arm und stehen in schlechtem Ruf. Oft berichten die Nachrichten von gewalttätigen Krawallen in den Vorstädten europäischer Metropolen. Versuche, die Entstehung von Ghettos durch stadtplanerische Maßnahmen zu verhindern, sind nicht immer erfolgreich, da die Menschen seit jeher das Bedürfnis haben, ihre eigenen Gemeinschaften zu bilden und in enger Wechselwirkung mit Gleichartigen zu leben.

Die Unterscheidung zwischen guten und bösen Menschen oder zwischen guten und schlechten Gebieten ist ein uraltes, prähistorisches Phänomen. Gewalttätiges Verhalten gegen andere und die Aufsplitterung in Gruppen entwickelten sich möglicherweise bereits in vorgeschichtlicher Zeit, im Zusammenhang mit der Nahrungssuche. Die Menschen jagten in der Regel in Gruppen, wobei sich die Vertreter der menschlichen Spezies in kooperative oder feindselige Scharen aufspalteten. Die gegen Außenstehende gerichtete Aggressivität brauchte dabei nicht eingedämmt zu werden. Als die Gemeinschaft wuchs, wurde die Grenze zwischen Freund und Feind schwankender. Es ist eine sozialpsychologische Tatsache, dass der Mensch nur eine kleine Schar guter Freunde haben kann; wenn jemand zu viele Bekannte hat, wird die Intensität der Bindung geschwächt.

Menschen sind nicht dazu geboren, in gewaltigen Konglomerationen mit Tausenden von Individuen zu leben. Unsere Verhaltensweisen sind für das Leben in kleinen Gruppen von weniger als hundert Menschen entwickelt, in denen sich alle persönlich kennen. In den Großstädten ist das Leben deshalb weitaus anstrengender, denn wir geraten jeden Tag in Kontakt mit zahllosen Unbekannten. Es ist unmöglich, auch nur kurzfristige persönliche Verbindungen zu allen anzuknüpfen, die uns begegnen, deshalb lassen wir sie einfach vorüberziehen. Schon in mittelalterlichen Benimmbüchern findet sich diese «Nichtbeachtung» als Ratschlag für junge Frauen, die in Paris zur Kirche gingen:

Gehst du auf der Straße, so halte den Kopf hoch, den Blick gesenkt und unbeweglich. Starre 24 Fuß nach vorn und zu Boden, ohne irgendeinen Mann oder eine Frau, links oder rechts, anzusehen oder den Blick umherschweifen zu lassen, lache nicht und bleibe nicht stehen, um mit irgendjemandem auf der Straße zu sprechen. Wenn du die Kirche erreichst, suche dir einen so geschützten und einsamen Platz wie du kannst. Setze dich vor einen schönen Altar oder eine Statue und bleibe dort, ohne den Platz zu wechseln oder dich zu bewegen, halte den Kopf gerade und bewege deine Lippen unablässig im Gebet. Halte deine Augen ständig auf dein Buch oder auf das Gesicht der Statue gerichtet, ohne einen Mann oder eine Frau, eine Malerei oder irgendetwas anderes anzusehen, und ohne Heuchelei oder Affektation.

Le Ménagier de Paris, 1392–1394

Diese Benimmregel vom Ende des 14. Jahrhunderts veranschaulicht die Bedeutung des Blicks, der eingesetzt wird, entweder um Aufmerksamkeit zu wecken, oder gerade, um sie zu vermeiden. Auch die höfliche Verbeugung kann der Vermeidung des Blickkontakts dienen. Der entscheidende Punkt ist das Senken des Blicks, denn direktes Anstarren wird schnell als offene Feindseligkeit empfunden. Wenn der Blick auf einen Unbekannten fällt, ist das abrupte Abwenden der Augen die typische Reaktion. Hält das Starren an, nachdem der erste Blickkontakt entstanden ist, kann der Angestarrte nervös werden. Anhaltendes Starren zwischen zwei einander unbekannten Erwachsenen ist als solches ein aggressiver Akt. Nur ein wirklich aggressives Individuum kann einem anderen Menschen über längere Zeit direkt in die Augen starren.

Und so sagt man zwar im Allgemeinen heutzutage, es sei höflich, der Person, mit der man spricht, in die Augen zu sehen, doch die Praxis sieht anders aus: Bei einem normalen Gespräch blicken wir sehr oft an unserem Gesprächspartner vorbei, während wir reden, und werfen ihm nur jeweils am Ende eines Satzes einen Blick zu, um seine Reaktion auf unsere Worte zu prüfen.

DIE AGGRESSIVITÄT
DER MASSEN

Im Alltag der Großstadt fürchtet der Mensch Berührungen Unbekannter. Wir meiden Fremde, weil wir nicht wissen, wie sie sich verhalten, ob sie Freund oder Feind sind. Wenn uns jemand gefällt oder wir den Kontakt benötigen, unternehmen wir einen Annäherungsversuch, bringen dabei aber zugleich eine förmliche Entschuldigung vor: «Entschuldigen

Sie bitte, aber ...» Das Gegenüber könnte immerhin auch feindselig reagieren. Die Angst vor der Berührung eines Unbekannten ist tief verwurzelt und verschwindet nicht einmal dann, wenn der Mensch die Grenzen seines persönlichen Reviers abgesteckt hat.

Aber so widersprüchlich es klingt: Als Teil einer größeren Gruppe befreit sich der Mensch von seiner Berührungsangst. Elias Canetti, der das Verhältnis von Masse und Macht untersucht hat, sieht darin die einzige Situation, in der die Furcht vor Unbekannten in ihr Gegenteil, in ein positives Gefühl umschlägt. In einer dichten Menge, in der sich Körper gegen Körper drängt, entsteht plötzlich das Gefühl, die Menge sei selbst ein einziger großer Körper. Die Furcht verwandelt sich hier in Stärke, und die Masse wird aggressiv.

Als Beispiel mögen Demonstrationen dienen, bei denen die Teilnehmer vor der Berührung Unbekannter nicht zurückscheuen, weil alle ein gemeinsames Anliegen haben, «innerhalb eines Körpers» sind, wie Canetti schreibt. Demonstrationen laufen leicht aus dem Ruder und können in gewalttätige Krawalle ausarten, oft aus ganz nichtigen Gründen. Nicht selten werfen Demonstranten, die die herrschenden Machtstrukturen ablehnen und für «sanfte Werte» eintreten, schließlich mit Flaschen und Steinen und liefern sich Schlägereien mit der Polizei.

Auch das aggressive Verhalten von Menschenmassen ist ein Relikt aus der Zeit der gemeinsamen Jagd. Später äußerte es sich in kollektiven Tötungen, etwa bei der Steinigung, wo sich alle Mitglieder der Gemeinschaft an der Urteilsvollstreckung beteiligten. Im Grunde können alle öffentlichen Hinrichtungen als kollektive Tötung verstanden werden: Der tatsächliche Exekutor ist die Menschenmenge, die sich versammelt, um die Hinrichtung zu verfolgen.

Auch bei Folterzeremonien spielte die Volksmenge eine wichtige Rolle, schließlich ging es darum, allen, unabhängig von ihrem Stand, eine Warnung zu erteilen. Das Volk forderte Zutritt zum Ort der Folterung und erhob Protest, wenn das Opfer vor den Blicken der Öffentlichkeit verborgen wurde. Vor allem wenn das Opfer hohen Standes war, kam leicht der Verdacht auf, die Folterung werde nicht mit der gebotenen Härte durchgeführt. Zumindest in Frankreich und England hatten die Zuschauer sogar das Recht, sich an der Folterung zu beteiligen. Nachdem der Verurteilte öffentlich gedemütigt worden war, wurde er bisweilen den Schmähungen und Angriffen der Zuschauer ausgesetzt.

Noch im 18. Jahrhundert brach man zu einer Hinrichtung auf wie zu einem Picknick. Die Menschen waren fasziniert von den Schreien und Flüchen der Opfer; sie empfanden Genugtuung, wenn sie hörten, wie der Verurteilte die Obrigkeit, den König und die Kirche verfluchte. Auch innerhalb der Zuschauermenge rumorte die Gewalt: In solchen Situationen wurden Arme gebrochen, Zähne eingeschlagen, und so mancher wurde zu Tode getrampelt. Unter den Zuschauern waren sowohl Adlige als auch Menschen aus dem einfachen Volk, sogar Kinder.

In der zweiten Hälfte des 19. Jahrhunderts veränderte sich das Wesen der öffentlichen Hinrichtungen. Verstümmelungen waren nicht mehr üblich, und der Richtplatz weckte allgemein Abscheu. Das Publikum verfolgte Hinrichtungen nicht mehr fasziniert, sondern entsetzt. Auch Folterungen wurden zunehmend als grausam empfunden, und gegen Ende des 18. Jahrhunderts wurde die Folter in vielen Ländern Europas verboten.

Zu Beginn des 19. Jahrhunderts verschwanden die Bestrafungsspektakel weitgehend aus der Öffentlichkeit: Sie waren keine öffentlichen Passionsspiele oder Attraktionen mehr, sondern wurden eher negativ beurteilt. Wie kam das? Nach Ansicht des Philosophen Michel Foucault hatte das öffentliche Bestrafungsritual die Zuschauer gerade an die Grausamkeit gewöhnt, vor der es nach den Vorstellungen der Obrigkeit eigentlich abschrecken sollte. Zugleich ließ die Grausamkeit der Amtspersonen unter den Leuten auch das Gefühl entstehen, Richter und Henker seien Mörder; der Gefolterte weckte also Mitleid. An die Stelle von Folter und Todesstrafe trat nun der Freiheitsentzug. In dem Maße, in dem die Gesellschaft sich von den strengen religiösen Regeln und den mittelalterlichen Standesnormen gelöst hatte, war die Freiheit zu einem immer wichtigeren Wert geworden. Der Staat konnte seine Bürger nun streng bestrafen, indem er ihnen diese Freiheit nahm.

Im Zuge der modernen humanistischen Aufklärung wurden also Grausamkeit und die Freude an der Verletzung anderer Menschen verwerflich oder zumindest sozial kontrolliert, während die Gewalt zum Monopol staatlicher Institutionen wurde. Im Krieg wurden daher gezielte Grausamkeiten von der Institution der Kriegsgefangenschaft abgelöst, und innerhalb der Gesellschaft ging die Zahl der Todesstrafen zurück, an deren Stelle die Gefängnisstrafe trat. Jede Medaille hat allerdings zwei Seiten: Man sagt dem Gefängniswesen nach, es sei ein Hort psychischer Gewalt und erzeuge erst richtige Verbrecher, indem es die Gefangenen so konditioniere, dass sie dem Kreislauf der Kriminalität nicht mehr entkämen.

Obwohl man sich heute nicht mehr damit vergnügt, Hinrichtungen, Zerstückelung und Folterung anzusehen, ist die Gier nach zur Schau gestellter Gewalt nicht verschwunden. Im Vergleich zur Antike und zum Mittelalter ist die Fähigkeit der Menschen, das Leid anderer mitzufühlen, vielleicht gewachsen, doch zur Befriedigung der aggressiven Impulse braucht man dennoch Actionfilme und aggressive Sportarten, etwa Boxkämpfe oder Freistilringen, bei dem die extreme Gewalt allerdings weitgehend vorgetäuscht wird. Tatsächlich scheint die fiktionale Gewalt in unserer Kultur ständig zuzunehmen. In Actionfilmen und Thrillern ist sie ein zentrales Element, und in den neunziger Jahren wurde sogar der Begriff «Arthaus-Gewalt» lanciert. Gewalt ist «stilvoll» geworden, und natürlich geht man davon aus, dass der Zuschauer fähig ist, die Blutorgien in Gewaltfilmen als grundlegendes Element des Genres zu interpretieren, sie also distanziert zu betrachten, ohne sich mit den Protagonisten oder der Brutalität der Handlung wirklich zu identifizieren.

Man spricht heute von «Gewalt als Unterhaltung» – bei genauerem Nachdenken ein reichlich seltsames Begriffspaar. Vielleicht macht es in all seiner Widersprüchlichkeit deutlich, dass man Aggressivität als Teil der menschlichen Kultur akzeptieren muss, idealerweise jedoch nur als Element der Fiktion. «Gewalt als Unterhaltung» wäre jedenfalls eine treffende Charakterisierung der öffentlichen, jahrmarktähnlichen Hinrichtungen im 18. Jahrhundert gewesen, bei denen Folter und Tod real präsent waren. Immerhin versucht man heute, das Betrachten von Gewalt zu reglementieren: Die Fernsehnachrichten verzichten auf das schlimmste verfügbare Bildmaterial, in den Kinos gibt es Altersgrenzen, und auch die Gewaltfilme im Fernsehen haben heute klare Altersempfehlungen; dasselbe gilt für Computer- und Konsolenspiele, die Brutalität und Tötungen enthalten.

Psychologen und Medienforscher haben in Tausenden von Untersuchungen darüber debattiert, ob fiktionale Gewalt die Zuschauer zu konkreten Gewalttaten anstachelt oder im Gegenteil Gewalttätigkeiten verhindert, indem sie den Betrachtern die Möglichkeit bietet, ihre Aggressionen in der fiktiven Welt abzubauen. Tatsächlich machte sich bereits Plato Sorgen um die Wirkung von Gewaltszenen in den antiken Schauspielen vor allem auf junge Zuschauer. Der australische Kulturwissenschaftler Jeff Lewis betrachtet die Frage aus einer breiteren Perspektive: Kriege, Aufrüstung und die strukturelle Ungleichheit der Gesellschaft sind ein fester Bestandteil der modernen Kultur, deren gewalttätiges Erbe die Medien immer wieder durchspielen. Lewis fügt das von Menschen verursachte Aussterben von Tierarten hinzu und gelangt zu einer harten Schlussfolgerung: Der moderne Mensch ist die gewalttätigste Spezies, die je auf der Erde gelebt hat.

ETIKETTE UND MANIEREN ALS MITTEL GEGEN AGGRESSIVITÄT

Im wilden Mittelalter waren Friedensschwüre und Zwei-kämpfe nicht das einzige Mittel, um gewalttätiges Verhalten zu zähmen und zu reglementieren. Auch die frühen Be-nimmregeln – die Ritterbräuche und die Hofetikette – hatten den Zweck, die Aggressivität innerhalb der Gesellschaft zu zügeln. Diese Entwicklung setzte sich in der Neuzeit fort, als man in Europa begann, im Alltag nicht mit Waffen, sondern mit Manieren in Wettstreit zu treten.

Während ein Burgherr im Mittelalter seine streitsüchtigen Ritter mit Hilfe der Minnerituale zu zähmen versuchte, setzte der König im 17. Jahrhundert die Regeln der Etikette ein, um die streitsüchtigen Edelleute in Schach zu halten. Noch im Frankreich des 17. Jahrhunderts hatten die Adligen ihre eigenen Privatarmeen, doch unter der Herrschaft des Sonnenkönigs Ludwig XIV. wurde alles anders. Der König unterwarf den Adel, indem er einen Hof bildete: Die Edelleute, die auf ihren eigenen Burgen ein kriegerisches Leben geführt hatten, mussten sich in Versailles versammeln und wurden zum Hofadel, der seine Energie dareinsteckte, durch

Intrigen die Gunst des Königs zu gewinnen. Den Rang des Einzelnen bestimmte nun seine Stellung am Hof, nicht der Erfolg auf dem Schlachtfeld. Der Sonnenkönig machte sich selbst zum zeremoniellen Mittelpunkt des Tagesablaufs; man wetteiferte um seine «Gunstbezeigungen». So hatten zum Beispiel nur diejenigen, denen der König besonders gewogen war, Zutritt zu seinem Schlafzimmer. Dort hatten sie die Ehre, dem König das Hemd zu reichen oder ihm die Schuhe anzuziehen.

Nach der Entstehung des staatlichen Gewaltmonopols mussten die Menschen im Umgang miteinander vorsichtiger und kontrollierter handeln. Das Phänomen wurde zuerst in den staatlichen Machtzentren sichtbar, an den Höfen, wo man das richtige Benehmen beherrschen musste. Alles wurde durch eine strenge höfische Etikette geregelt, deren Einhaltung der einzige Weg war, am Hof erfolgreich zu sein. Die Bezeichnung «Etikette» für Benimmregeln bezieht sich ursprünglich auf das Namensschild, das am französischen Hof zum Zutritt berechtigte; erst später wurde es zum allgemeinen Begriff für das Verhalten in Gesellschaftskreisen. Ludwig XIV. hatte die Etikette nicht erfunden, verstand sich aber darauf, ihre Bedeutung so zu erweitern, dass sein eigener Einfluss wuchs und der des Adels zurückging.

Um ihre Stellung am Hof zu wahren, mussten sich die Adligen also der Etikette anpassen, so mühsam dies auch war. Die Einhaltung der Etikette und die Erlangung von Gunstbezeigungen wurden zum Instrument der Distinktion. Der Hofadel war entwaffnet und kämpfte nun darum, wer die Benimmregeln am besten befolgte. Abweichungen von der Etikette wurden als Skandal betrachtet, dessen Folge der Verlust der Privilegien und die Verbannung vom Hof, mit anderen Worten eine öffentliche Demütigung sein konnte.

Das Verhalten des Sonnenkönigs selbst war bis ins Letzte durchdacht: Er zeigte zum Beispiel seine Verärgerung nicht durch Wüten und Gebrüll, sondern durch kleine Gesten und einen veränderten Tonfall. Natürlich ahmten die Höflinge sein Verhalten nach; die Hofetikette des Sonnenkönigs wurde zu einem Regelwerk, das jede Handlung kontrollierte und dessen Befolgung beschwerlich war. Egon Friedell beschreibt den Menschen der Barockzeit wie folgt:

Schon in der äußeren Erscheinung zeigt sich das Streben nach steifer Distanz (…). Alles, Schritt und Gebärde, Gefühlsausdruck und Körperhaltung, ist in ein geheimes Quadratnetz gebannt. (…) Die einzelnen möglichen Anlässe sind gegeben und für diese Anlässe sind bestimmte Worte gegeben (…). Wer am vollkommensten die vorgeschriebenen Regeln erfüllt, gilt als der Geistreichste.

Egon Friedell, *Kulturgeschichte der Neuzeit*, 1927–31

Den Vorstellungen des Sonnenkönigs zufolge erwarb man Ehre nicht durch Erfolg auf dem Schlachtfeld, sondern indem man beim König Anklang fand. Die höfische Kultur und die zunehmende Selbstkontrolle führten auch zum Rückgang des als ehrenhaft geltenden Zweikampfes, der in Europa allmählich zu einer Schrulle der Elite wurde. In Großbritannien wurde der Zweikampf in der Armee 1844 verboten, und das letzte statistisch erfasste Duell wurde 1852 ausgetragen. An den deutschen Universitäten blieb das Duell noch bis zum Ersten Weltkrieg die normale Form der Auseinandersetzung unter Studenten. An der Universität Bonn duellierte sich unter anderem ein Student namens Karl Marx.

Die französische Hofkultur mit ihren strikten Regeln aber wurde zum allgemeinen Vorbild für alle anderen Höfe Europas. Später wurden bestimmte Rituale vom Bürgertum übernommen und verbreiteten sich durch dessen Vermittlung auch in anderen Gesellschaftsschichten. Mit der zunehmenden Arbeitsteilung und dem wachsenden Handel wurden höfliche Umgangsformen immer wichtiger: Man musste

seine Gefühle kontrollieren und lernen, ohne offene Gewaltandrohung zu kommunizieren. Der Handel schuf ge-
genseitige Abhängigkeiten; man musste sich so zu benehmen
wissen, dass das Geschäft florierte.

Die westlichen Handelssitten sind jedoch nicht universal,
und so empfinden viele Europäer das in orientalischen Ba-
saren übliche Feilschen als unangenehm. Das Gespräch oder
die Verhandlung über den Preis ist dabei oft äußerst intensiv
und wird als aggressiv wahrgenommen. Ruhe und ein kühler
Kopf führen jedoch auch beim Feilschen zum besten Ergeb-
nis, geduldiges und höfliches Verhalten wird also auch im
Basar belohnt.

Wenn wir die Sitten der heutigen urbanen Mittelschicht
verstehen wollen, müssen wir die höfische Kultur untersuchen, behauptet Norbert Elias. Während am Hof gutes
Benehmen, Verbeugungen, Gesten und Liebenswürdigkeit
denjenigen entgegengebracht wurden, die einen hohen Rang
besaßen, so findet sich ein entsprechendes Verhalten heute
vor allem in der Geschäftswelt wieder, wo der Wert einer
Person durch den geschäftlichen Umgang und die damit
verbundenen persönlichen Beziehungen definiert wird. Es
handelt sich weniger um ein naturgemäßes Verhalten als vielmehr um ein Spiel, um ein «Pokerface», das die wahren Gefühle verbirgt. Das folgende Zitat des Moralisten Jean de La
Bruyère über das Verhalten bei Hof beschreibt Fähigkeiten,
die auch im heutigen Geschäftsleben erforderlich sind:

*Ein Mensch, der den Hof kennt, ist ein Meister seiner Gesten,
seiner Augen und seines Gesichts. Er ist tiefsinnig und undurch-
dringlich, er verheimlicht seine bösen Absichten, lächelt seine
Feinde an, kontrolliert seinen Ärger, verbirgt seine Leidenschaft,
betrügt sein Herz und handelt seinen Gefühlen zuwider.*
Jean de La Bruyère, *Les caractères*, 1687

Obwohl man im heutigen Geschäftsleben vorwiegend hinter den Kulissen kämpft, kann beispielsweise ein Unternehmensführer seine Position sichern, indem er durch sein Verhalten seine Macht demonstriert. Für einen Unternehmensführer ist es gefährlich, zu lange unsichtbar oder unhörbar zu sein. Es genügt nicht, dass er Macht hat, sondern er muss diese Macht von Zeit zu Zeit auch zum Ausdruck bringen. Die Demonstration – und Ausübung – von Macht scheint im heutigen Wirtschaftsleben zu einer regelrechten Landplage geworden zu sein: Fast jede Führungskraft will sich irgendeine «Organisationsreform» auf die Fahnen schreiben. Diese Manie hat sich mittlerweile auch in öffentlichen Institutionen eingenistet.

Große Beliebtheit genießen auch diverse Kurse, in denen moderne Unternehmensführung und Chefkompetenz gelehrt werden. Die Lehren der Unternehmensberater schöpfen dabei nicht mehr aus der Tradition des militärischen Führens und Befehlens, vielmehr stützt man sich heute auf sanftere Werte und spricht zum Beispiel von besserer Interaktionsfähigkeit, von der «Begegnung» mit den Mitarbeitern und von neuen Führungsmethoden. Man könnte sagen, dass in der Geschäftswelt und in der Personalleitung heute eine noch taktvollere Etikette das Verhalten steuert.

Als sich das Internet vom Ende der achtziger Jahre an explosionsartig verbreitete, stellte sich bald heraus, dass auch für dessen Nutzer Benimmregeln notwendig sind. Es entstand die «Netiquette», die Empfehlungen für das Verfassen von E-Mails und für die Teilnahme an Foren gab. Es wurde betont, man solle nichts schreiben, was man einem anderen nicht ins Gesicht sagen könne. Die User wurden außerdem ermahnt, höflich und freundlich zu sein. Man dürfe andere Chatter nicht beschimpfen und keine falschen Informationen oder Andeutungen verbreiten. Ausschließlich in Großbuchstaben zu schreiben, sei ungehörig, da das wie Gebrüll wirke. In den Chats müsse man beim Thema bleiben und die Diskussion nicht durch unsachliche Kommentare, Reklame oder Spam stören.

In der Netiquette wurde also eine ähnliche Selbstbeherrschung gefordert wie am Hof des Sonnenkönigs. Die Netiquette greift die ursprüngliche Bedeutung der Etikette auf: Ihre Einhaltung gewährleistet den Zugang zum Klub, in diesem Fall zum Beispiel zu den Internetforen. Zwar erschienen auch Bücher zum Thema, doch die allgemeinen Regeln wurden nicht von Einzelnen aufgestellt, sondern von einer riesigen Schar von Nutzern in der ganzen Welt. So versinnbildlicht die Netiquette die universale Grundlage der Manieren: Als Herdentier braucht der Mensch Regeln, und wenn es keine gibt, schaffen wir sie gemeinsam.

Das Internet hat sich jedoch rasant entwickelt: Vor allem durch Mobilgeräte und Smartphones sind zahlreiche neue Applikationen für die Kommunikation im Netz entstanden. Die Netiquette konnte mit dieser Entwicklung nicht Schritt halten. Sobald eine neue App verfügbar ist, nutzen manche – vor allem junge Leute – sie, um andere zu beleidigen, zu mobben und zu verunglimpfen. Unter dem Realnamen oder anonym, möglicherweise sogar, indem sie ihre persönliche IP-Adresse verbergen. Anders als der erste Mäßiger der europäischen Manieren, Erasmus von Rotterdam, ist die Netiquette also an ihrer Aufgabe gescheitert: Sie war nicht fähig, die über das Internet verbreitete Aggressivität zu zügeln, die mit der wachsenden Beliebtheit der sozialen Medien geradezu explodiert ist.

AGGRESSIVITÄT
IN DER EHE

Unter Ritterlichkeit versteht man heute in der Regel zuvorkommendes Benehmen von Männern gegenüber Frauen. Die Einstellung der Ritter zu den Frauen war im 11. Jahrhundert allerdings alles andere als rücksichtsvoll: Die Frau war für den Ritter in erster Linie Dienerin und Quelle sexuellen Genusses. Auch Gewalttätigkeit, das Verprügeln von Frauen, war Teil des Alltags. Im Mittelalter wurden verheiratete Frauen immer wieder geschlagen, körperliche Züchtigung war in Bauernfamilien ebenso üblich wie in Adelskreisen.

Ironischerweise wurde die Gewalttätigkeit vor allem mit dem «schlechten Benehmen» der Frauen begründet, also damit, dass die Frau ihrem Mann nicht gehorchte. Nach mittelalterlicher Auffassung kamen Mut und Maskulinität eines Mannes auch darin zum Ausdruck, dass er seine Frau kommandierte und unterdrückte. Im Gegenzug bedeutete der «Ungehorsam» der Frau für den Mann, dass er das Gesicht verlor und öffentlich verspottet wurde.

Um den Gesichtsverlust zu vermeiden, musste der Mann sich also «mannhaft» verhalten, und das heißt aggressiv. So schrieb der Ritter Geoffroy de la Tour Landry 1371 einen Ratgeber für seine drei Töchter (*Livre pour l'enseignement de ses filles du Chevalier de la Tour Landry*), in dem er darlegt, wie die Töchter sich als Ehefrauen und Mütter verhalten sollen. Diese Anweisungen veranschaulichen, dass Liebe in der Beziehung zwischen Mann und Frau keine Rolle spielte; die Frau musste ihrem Mann gefällig und gehorsam sein, selbst wenn er sich ungerecht und gewalttätig aufführte. Landry liefert seinen Töchtern ein warnendes Beispiel dafür, wie ein Ritter seine «ungehorsame» Frau zurechtweist:

*Er schlug die Frau mit der Faust zu Boden, dann trat er ihr mit
dem Fuß aufs Gesicht und brach ihr die Nase. Die Nase der Frau
war seither unförmig, weshalben sie sich schämte, ihr Gesicht zu
zeigen, das so entsetzlich entstellt war. Deshalb muss eine Frau
nachgeben und ihrem Mann das letzte Wort überlassen, denn er
ist der Herr.*

Der Ritter «vom Turm» betonte auch, dass die Frau sich vor
allem in der Öffentlichkeit fügsam zu benehmen habe. In
privaten Situationen durfte sie Landry zufolge ihre Meinung
«freier» äußern. Immerhin waren nicht alle Benimmbücher
so strikt. In einer um 1350 verfassten Anleitung ermahnte ein
Vater seinen Sohn, seine Frau nicht zu schlagen, weil sie ihn
daraufhin nur verachten würde:

*Zwar ist sie in gewissem Maße deine Dienerin, doch sie ist auch
in gewissem Maße deine Gefährtin. Ich rate dir, deine Frau
nicht zu schlagen, denn durch Schläge erreichst du nur, dass sie
dich verachtet. Bestrafe dein Weib mit Liebe, mein Sohn, und
lass schöne Worte dein Stock sein. Auch darfst du dein Weib nicht
beschimpfen und mit niederträchtigen Namen belegen, denn
jemanden zu beschimpfen, der das Bett mit dir teilt, bringt
Schande über dich selbst. Wenn du deine eigene Frau erniedrigst,
können andere es ebenfalls tun.*
    Schrift aus der Lambeth Palace Library, um 1350

Die Behörden jedenfalls nahmen Gewalt gegen Frauen nicht
ernst. Beispielsweise wollte im 16. Jahrhundert eine Frau
ihren Verlobten nicht heiraten, weil er sie schlug. Vor Gericht gab der Mann als Begründung für sein Verhalten an,
er wolle den ehelichen Gehorsam seiner künftigen Frau stärken. Das Gericht löste die Verlobung zwar, verurteilte die
Frau aber zu einer Geldbuße, weil sie die Heirat verweigerte.
Die Gewalttätigkeit des Mannes war noch im 16. Jahrhun-

dert eine zum Eheleben gehörende Selbstverständlichkeit, und die Benimmbücher betonten im Wesentlichen, die Frau solle fügsam sein, um Aggressionen zu vermeiden.

Die Reformation brachte kaum Verbesserungen für das von Gewalt geprägte Eheleben: In den eigenen vier Wänden schlugen die Männer ihre Frauen, und die Kinder wurden mit dem Stock erzogen. Auf dem europäischen Festland und besonders in den Niederlanden begann man im 17. Jahrhundert, die Misshandlung der Ehefrau vehement zu verurteilen, doch in England lagen die Dinge anders. Dort wurde das Prügeln weiterhin mit dem schlechten Benehmen der Frau begründet. Ein gewisser Moses A. Vauts veröffentlichte 1650 ein Buch, in dem «moderat erörtert wird, ob es sich für einen guten Mann schickt, seine böse Frau zu schlagen». Vauts erklärte, wenn eine Frau sich nicht so verhalte, wie es sich für das schwache Geschlecht schicke, müsse sie akzeptieren, dass ihr Mann zur Gewalt gezwungen sei. Die Frau dürfe nicht über kleine Wunden klagen und sich nicht beschweren, wenn ihr ruhiger und gewissenhafter Mann zum Besten der ganzen Familie ihren Stolz ein wenig dämpfe. Noch um die Mitte des 18. Jahrhunderts erlaubten die britischen Gerichte den Männern ausdrücklich, ihre Frauen zu züchtigen, wenn diese sich vermeintlich schlecht benahmen. Man verlangte von den Männern dabei lediglich «die gleiche Mäßigung wie bei der Züchtigung ihrer Dienstboten oder ihrer Kinder».

In der modernen Welt hat sich vieles verändert, und die gesellschaftliche Stellung der Frau ist eine ganz andere als früher. Dennoch ist häusliche Gewalt weiterhin ein Problem, denn es ist weitaus schwieriger, gegen sie vorzugehen als gegen öffentliche Gewalt. Das Zuhause ist nicht die Straße: Im öffentlichen Raum werden auch harte Maßnahmen der Polizei gegen Aggressionen als gerechtfertigt empfunden, die Einmischung in das Privatleben der Menschen ist dagegen immer heikel.

Personen des öffentlichen Lebens genießen in unserer Kultur dabei nicht den gleichen Schutz der Privatsphäre wie andere Bürger. Beispielsweise wird von Inhabern öffentlicher Ämter ein untadeliges Verhalten auch im Privatleben gefordert, und Delikte im privaten Bereich, auch häusliche Gewalt, führen meist zum Verlust des Amtes oder der Position. Ein Thema für sich ist dabei natürlich die Sensationspresse, für die Prominente Freiwild sind – und zwar speziell im Bereich des Privat- und Liebeslebens.

VII
SEXUALITÄT

Sei in Maßen liebevoll und vertraut mit deinen und deines Ehemannes engsten Blutsverwandten, aber halte Abstand von allen anderen Männern. Vor allem hüte dich vor großtuerischen und müßigen jungen Männern, die über ihre Verhältnisse leben und die, da sie weder Land noch Abstammung besitzen, Tänzer werden. Verzichte auch auf den Umgang mit den Höflingen großer Herren und mache dich nicht mit Männern oder Frauen gemein, die im Rufe stehen, ein triviales, amouröses und ausschweifendes Leben zu führen.

Le Ménagier de Paris, 1392–1394

VERHALTENSREGELN IM Bereich der Sexualität sind uralt. Da der Geschlechtstrieb beim Menschen anders als bei
den Tieren das ganze Jahr hindurch lebendig ist, hat man ihn
früh zahlreichen kulturellen Normen unterworfen. Offene
sexuelle Signale versuchte man möglichst zu vermeiden: Der
Brauch, die Geschlechtsteile unter irgendeiner Art von Bekleidung zu verbergen, ist zum Beispiel ein sehr frühes Kul-
turprodukt. Da es dem Menschen wegen seiner aufrechten
Haltung unmöglich ist, sich einem anderen Vertreter seiner
Spezies zu nähern, ohne seine Geschlechtsorgane zu zeigen,
erfand er Kleidungsstücke, um die visuellen Reize zu verstecken.

Im Mittelalter waren Benimmregeln, die den Frauen verboten, sich allzu auffällig zu verhalten, zwangsläufig, da das
triebhafte Verhalten der Männer nur schwach kontrolliert
wurde. Das Benehmen der Ritter war alles andere als ritterlich. Frauen waren für sie Objekte der sinnlichen Befriedigung, und Vergewaltigung und Frauenraub waren keine
Seltenheit. Andreas Capellanus, der am Hof von Marie de
Champagne, der Tochter Eleonores von Aquitanien, lebte,
schrieb 1187 ein Buch über die Regeln der Ritterliebe unter
dem Titel *De amore*. Das Buch richtet sich an einen jungen
Mann namens Walter, der Capellanus um Ratschläge in Lie-
besfragen bittet. Capellanus stellt von Anfang an klar, dass
man keineswegs alle Frauen mit Respekt behandeln müsse;
Verehrung gebühre nur den Frauen der Oberschicht. Auf
Frauen von niederem Stand brauche man keine romantischen
oder ehrbaren Gefühle zu verschwenden, denn diese Frauen
seien nur für fleischliche Genüsse da:

Wenn du dich zufällig in eine bäuerliche Frau verliebst, vergiss
nicht, sie zu loben, und wenn du einen geeigneten Ort gefunden
hast, zögere nicht, dir das zu nehmen, was du begehrst, und sie zu
umarmen, wenn nötig, mit Gewalt. Denn du wirst ihre Steifheit
kaum so weit erweichen können, dass sie dir ihre Umarmung
stillschweigend gewährte oder dir erlaubte, deine Sehnsucht zu
stillen, wenn du nicht etwas Gewalt anwendest als eine Art
Heilmittel für ihre Schüchternheit. Das sagen wir nicht, um dich
dazu zu bringen, dich in eine solche Frau zu verlieben, sondern
damit du in dem Fall, dass du es aus lauter Unvorsichtigkeit getan
hast, weißt, was du zu tun hast.
    Andreas Capellanus, *De amore*, 1187

Für einen Ritter war also nur eine Frau aus der Oberschicht
gut genug. Und da die Rivalität um die hohen Frauen häufig
zu Mord und Totschlag führte, begann man, die Frauen als
Ursprung allen Übels zu betrachten. Die Edelfräulein wurden streng überwacht und unter Umständen so lange in die
Jungfernkammer der Burg eingesperrt, bis die Eheschließung
feststand. Zutritt zu der Kammer hatten in erster Linie der
Burgherr sowie eventuell einige andere, von ihm ausgewählte
Männer. Diese unterhielten die Jungfrau, indem sie ihr vor-
lasen und Minnelieder sangen.

In der mittelalterlichen Gesellschaft waren die Frauen
Preise für die Ritter, die durch die Heirat womöglich in den
Besitz einer Burg kamen. Die Vermählungen wurden zwischen zwei Familien ausgehandelt, und wenn man sich einig
war, hatten die Brautleute ihre Zustimmung zu geben.

Der Bräutigam, sein Freund oder Trauzeuge und die Brautjung-
fern sollen in der Kirche warten. Der Vater der Braut reicht seiner
Tochter den Arm und führt sie zum Altar. Hier stellen sich die
Brautjungfern zu ihr, wie es der Küster arrangiert, und der Bräu-
tigam nimmt seinen Platz ein. Es ist gut, wenn der Trauzeuge des

Bräutigams die verschiedenen Zahlungen an den oder die Geist-
lichen, den Küster und den Kirchdiener vor der Ankunft der
Braut verteilt, da man so nachträgliche Verwirrung vermeidet.
  Jane Aster, *The Habits of good society*, 1859

Viele Begriffe, die im Zusammenhang mit der Trauung bis heute verwendet werden, erinnern daran, dass es bei der Ehe im Mittelalter um einen Handel ging. Die «Übergabe» der Tochter an den Schwiegersohn, der sie zur Frau «nimmt», ist ein Relikt aus dem Mittelalter, als die Tochter tatsächlich in den Besitz ihres Mannes überging. Dieser Tausch oder diese Übergabe wurde bestätigt, indem man die Hände der Braut und des Bräutigams ineinanderlegte. In den westlichen Ländern empfindet man die Zwangsehen der indischen Kultur heute als befremdlich, doch eine entsprechende Institution war auch in Europa allgemein verbreitet, und die Symbolik der Trauungszeremonie erinnert bis heute an diesen historischen Hintergrund.

Im Hochmittelalter waren Heiratsgeschäfte jedoch nicht immer selbstverständlich; mitunter weigerte sich der Vater, seine Tochter einem Freier zu überlassen, selbst wenn dieser angesehen war. Als Graf Hilduin, der Ende des 11. Jahrhunderts lebte, sich weigerte, seine Tochter einem Adligen namens Fulk zur Frau zu geben, lauerte Fulk Hilduin auf, nahm ihn gefangen und schwor, ihn erst freizulassen, wenn er ihm seine Tochter zur Frau gab. Als der Graf schließlich zustimmte, wurde er mit Respekt behandelt und beschenkt. Dieses Beispiel verdeutlicht – wieder einmal – die Impulsivität der Menschen des Mittelalters: Brutales Vorgehen konnte sich im Nu in äußerste Höflichkeit verwandeln.

Erst im 12. Jahrhundert begann die Kirche, sich in die Ehe einzumischen: Die Ehe wurde zum heiligen Sakrament, das Eheversprechen, der Kuss sowie die Übergabe des Traurings fanden von nun an im Beisein eines Pfarrers statt. Der Ring wurde an den Ringfinger der linken Hand gesteckt, weil man meinte, dieser Finger habe die unmittelbarste Verbindung zum Herzen. Der Beischlaf der Brautleute schließlich machte die Verlobung endgültig zur rechtskräftigen Ehe.

Die Privatsphäre des Hochzeitspaares wurde im Mittelalter und in der Neuzeit dabei kaum respektiert, eher im Gegenteil: Die Freuden der Hochzeitsnacht wurden an die große Glocke gehängt, und die Bettstatt des Paares war ein ritueller und öffentlicher Ort. Verwandte und Freunde geleiteten das Hochzeitspaar in die Schlafkammer, wo die Brautleute mit Witzen, obszönen Reden, Liedern und Gesten bedacht wurden. In einer Bremer Gilde war es sogar üblich, dass zwei vereidigte Meister überprüften, ob die Braut noch Jungfrau war. Der Bräutigam musste den Meistern für diese Untersuchung eine kleine Entlohnung zahlen. Anschließend blieben Verwandte und Freunde hinter der Tür stehen und lauschten, ob die Hochzeitsnacht sachgemäß verlief.

Wie fruchtbar die Ehe sein würde, war allgemeines Gesprächsthema. Mitunter wurde das Brautpaar in der Nacht durch eine spöttische Serenade gestört. Auch der nächste Morgen verlief öffentlich und rituell: Der Bräutigam gab seiner Braut eine «Morgengabe» als Entschädigung dafür, dass er ihr die Jungfräulichkeit genommen hatte, und die Verwandten inspizierten das Bett auf der Suche nach den Spuren der Entjungferung.

Im England des 17. Jahrhunderts, zur Zeit König Karls I., weckte die öffentliche Teilnahme an der Hochzeitsnacht allmählich Befremden. Um die Mitte des 18. Jahrhunderts wurden die Hochzeitsfeierlichkeiten schon nicht mehr so streng begleitet, aber erst Ende des 18. Jahrhunderts wurde die Privatsphäre des Brautpaars wirklich respektiert, bis hin zur Erfindung der Flitterwochen.

Im Mittelalter fanden ferner in der Nacht vor der Hochzeit lärmende Konzerte vor dem Haus der Braut oder des

Bräutigams statt, bei denen man Töpfe und Bleche zusammenschlug. Ein für das Eheglück wichtiges Ritual war auch das Zerschlagen von Porzellan, mit dem sich die alte heidnische Vorstellung verband, dass «Scherben Glück bringen». Die der Hochzeitsnacht vorangehenden karnevalistischen Riten leben noch in der Tradition des Polterabends fort.

DAS VERHALTEN
IM BETT

Ein Ehemann, der seiner Frau leidenschaftlich beiwohnt, um seine Begierde zu befriedigen, sündigt.

Jean Benedicti, *La somme des péchés et le remède d'iceux*, 1584

Die Sexualität hat die Theologen zu allen Zeiten beschäftigt, so auch den Franziskanermönch Jean Benedicti, der als Ehetherapeut wohl kaum Erfolg gehabt hätte. Benedicti knüpfte an die Lehren des Kirchenvaters Augustinus an, der die Auffassung vertrat, dass der Geschlechtsverkehr in der Ehe nicht sündhaft sei, wenn er zu dem Zweck erfolgte, ein Kind zu zeugen. Einem tugendhaften Menschen sei daran gelegen, den Geschlechtsakt auch in der Ehe leidenschaftslos zu vollziehen. Nach Augustinus' Ansicht sollten sich auch die Eheleute für den Geschlechtsverkehr schämen:

Der Mann hätte also die Nachkommenschaft ausgesät, das Weib sie aufgenommen (...), und das mit Zeugungsgliedern, die vom Willen bewegt, nicht durch die Lust erregt worden wären. (...) Was hindert uns zu glauben, dass vor der Sünde des Ungehorsams und vor der Strafe der Verderbtheit die menschlichen Zeugungs-

glieder ohne geschlechtliche Begierde dem Willen des Menschen
dienen konnten?

Augustinus, *De civitate Dei*, 5. Jahrhundert

Augustinus zufolge waren die Begierden eine vom freien Willen unabhängige Sünde. Die Wollust beim Geschlechtsverkehr war eine Strafe für Adams Sündenfall. Wenn Adam nicht gesündigt hätte, könnte das Geschlechtsleben frei von Genuss sein.

Obwohl die Kirche die Ehe zum Sakrament machte, hielt man im frühen Christentum das Zölibat für heiliger als die Ehe, da Jesus unverheiratet gewesen war. Die Prediger und frühen Vertreter des Christentums bemühten sich um eine deutliche Distanzierung von den antiken Kulturen der Griechen und Römer, in denen auch religiöse Zeremonien unverbrämte sexuelle Elemente enthalten hatten. Gegen freizügige Sexualität musste man der neuen Religion zufolge durch fanatische Keuschheit ankämpfen. Nach Ansicht der ersten Kirchenväter konnten die Menschen sich aus ihrer Erniedrigung erheben, indem sie ihre Fleischeslust besiegten und unterdrückten. Die Ehe war für sie ein notwendiges Übel, da der Mensch sich vermehren sollte, doch der mit der Fortpflanzung verbundene Genuss sollte dabei so weit wie möglich vermieden werden. Auf dem Konzil von Karthago im Jahr 390 wurden die Priester, die bereits verheiratet waren, angewiesen, sich von ihren Ehefrauen fernzuhalten.

Die Kirche erließ in der Folge verschiedene Vorschriften, die das Geschlechtsleben verheirateter Paare einschränkten. Im 12. Jahrhundert versuchten englische Theologen, sexuelle Aktivitäten an bestimmten Wochentagen zu verbieten. Verboten war der Beischlaf donnerstags wegen der Gefangennahme Christi, freitags wegen des Todes Christi, samstags zu Ehren der Jungfrau Maria, sonntags im Gedenken an die Auferstehung und montags wegen der Seelen der Verstorbenen. Ebenfalls verboten war der Koitus an Pfingsten und Weihnachten sowie in den vierzig Tagen vor Ostern, an Fastentagen, Feiertagen, vierzig Tage nach der Niederkunft sowie während der Menstruation. Außerdem musste man vor dem Empfang des Abendmahls drei Tage enthaltsam bleiben. Ein Ehepaar, das sich an die Regeln der Kirche hielt, durfte also so gut wie nie Sex haben. Es war allerdings ratsam, die Regeln zu befolgen, denn die Kirche lehrte, dass es in der Hölle eine spezielle Folterstätte gebe, einen aus Blei, Pech und Harz gemischten See, in den Verheiratete eintauchen mussten, die an verbotenen Tagen Geschlechtsverkehr gehabt hatten.

Die Vorgaben der Kleriker reglementierten auch den Geschlechtsakt selbst. In der Ehe war nur eine Stellung erlaubt, bei der der Mann auf der Frau lag; nach Ansicht der Kirche war der Mann nämlich von Natur aus aktiv, die Frau passiv. Alle anderen Stellungen waren widernatürlich, weil sie ein unnötiges Wohlgefühl erzeugten. Besonders unschicklich und verwerflich war die Stellung *more canino*, der «nach Art der Hunde» von hinten ausgeführte Akt. Der Genuss, den diese Stellung mit sich brachte, galt als Sündhaftigkeit der schlimmsten Art. Man erfand auch die *chemise cagoule*, ein Nachthemd, das Hautkontakt verhinderte. Es hatte ein Loch, durch das der Ehemann seine Frau schwängern konnte, ohne darüber hinausgehend in genussvollen Kontakt zu geraten. Generell kamen auch Schlafanzüge in Mode, da Nacktheit zunehmend als beschämend empfunden wurde.

Wider die Natur und sündhaft war es auch, die «unanständigen» Körperteile zu küssen. Manche Kirchenväter erlaubten Oralverkehr allerdings, sofern er als Liebesbeweis betrachtet werden konnte. Andere wiederum hielten allzu leidenschaftliche Liebe selbst in der Ehe für eine Sünde. Nach Ansicht des heiligen Hieronymus trieb ein Mann, der seine Frau zu leidenschaftlich liebte, Unzucht. Ein kluger

Mann liebe seine Frau «bedachtsam». Sinnlicher Genuss müsse vermieden werden, denn es sei das Schändlichste, seine Ehefrau so zu lieben wie eine Mätresse.

Viele Geistliche sowohl in den katholischen als auch in den protestantischen Ländern betonten noch bis ins 17. Jahrhundert die Bedeutung ehelicher Keuschheit. Ein pflichtbewusster Ehemann sollte seine Frau zwar ausreichend befriedigen, damit sie nicht außerhalb der Ehe Befriedigung suchte; andererseits durfte der Mann durch seine sexuelle Aktivität nicht zu viel Leidenschaft bei seiner Frau wecken, denn das könnte sie wiederum zu außerehelichen Abenteuern anspornen. Jeder leidenschaftliche Akt war also auf die eine oder andere Weise sündhafte und falsche Liebe.

Die Eheratschläge der Kirche wurden natürlich längst nicht allgemein befolgt, doch in Frankreich gab es Gruppen, die sich diese Lehren zu eigen gemacht hatten und als *dévots* bezeichnet wurden. Die devoten Paare waren im Ehebett prüde, und wenn die Frauen ihre ehelichen Pflichten verweigerten, beriefen sie sich auf die christliche Moral. Wenn der Mann zu hartnäckig war, kam dies in der Regel dem gemeinsamen Beichtvater zu Ohren, der den leidenschaftlichen Gatten zur Rede stellte. Das Ehepaar war also nicht allein im Bett.

DIE ÖFFENTLICHE POTENZ

Viele Aspekte des Geschlechtslebens, die im Lauf der Zeit privat geworden sind, waren früher öffentlich. Wollte sich zum Beispiel eine Frau von ihrem Mann scheiden lassen, galt die Impotenz ihres Ehegatten als anerkannter Grund. Da der Zweck der Ehe die Zeugung von Nachkommen war, wurden solche Impotenzvorwürfe von der Kirche ernst genommen. Bei den kirchlichen Gerichten des 14. und 15. Jahrhunderts ging man der Sache nach, indem man den Penis des betreffenden Mannes vermaß: Je kleiner der Penis, desto höher die Wahrscheinlichkeit, dass sein Besitzer impotent war, so dachte man. Mitunter ließ man vor Gericht sogar eigens dafür angestellte Frauen den Mann aufreizen, um zu sehen, wie sein Penis reagierte. In Venedig musste der Beklagte im 15. Jahrhundert ein Bordell besuchen, wo Pfarrer und Beamte seine Leistung begutachteten. Noch im Jahr 1677 versammelte sich in Paris eine Menschenmenge, um zuzuschauen, als ein der Impotenz bezichtigter Marquis seine Virilität zu beweisen versuchte. Der Marquis erklärte, er sei durchaus leistungsfähig, aber die neugierigen Blicke der Menschen hinter dem Vorhang würden ihn daran hindern, den Beweis zu erbringen.

Die Potenz des Einzelnen wird heute nicht mehr gemessen, doch auf einer allgemeineren Ebene ist die Manneskraft weiterhin Gesprächsthema. Ein ganz neues Kapitel in der Geschichte der Potenz haben die Arzneimittel gegen Erektionsstörungen eingeleitet: Ihr Markt ist im 21. Jahrhundert explosionsartig gewachsen, und sie werden nicht nur zur Behandlung von Impotenz verwendet, sondern ebenso «zum reinen Vergnügen». Selbst wenn Golf oder Gartenpflege ihn eigentlich mehr interessieren würden – der Mann von heute muss durchhalten, je länger, desto besser.

Im Mittelalter war es wegen der engen Wohnverhältnisse üblich, dass mehrere Menschen sich ein Bett teilten, und zwar sowohl die Mitglieder einer Familie als auch Dienstboten und Gäste. Im 16. Jahrhundert erschienen die ersten Anleitungen, in denen die Schamgrenze zwischen unverheirateten Männern und Frauen definiert wurde. Erasmus schrieb, beim Entkleiden und beim Verlassen des Bettes solle man den Anstand beachten und vor den Augen anderer nichts entblößen, was die Moral und die Natur zu bedecken gebieten. Rund zweihundert Jahre später hob de La Salle hervor, dass Mann und Frau nicht im selben Bett liegen sollten, wenn sie nicht verheiratet seien; falls Angehörige beider Geschlechter im selben Zimmer schlafen mussten, sollten die Betten zumindest auseinandergerückt werden.

Doch auch wenn Ehepartner zu zweit im eigenen Bett schlafen durften, war ihre Privatsphäre damit noch lange nicht gegeben. Ende des 16. Jahrhunderts führte etwa der englische Puritanismus zu einer zunehmenden moralischen Kontrolle, die offiziell von den Gerichten, in der Praxis aber von den Nachbarn ausgeübt wurde. Die Nachbarn tratschten über sämtliche Privatangelegenheiten der Familie und informierten die kirchlichen Gerichte über Verstöße gegen die Moralvorschriften. Die Gerüchte betrafen meist die Verführung von Dienstmädchen oder ein von der Norm abweichendes oder besonders leidenschaftliches Sexualleben des Ehepaars. Die Nachbarn erstatteten auch Bericht, wenn der Ehemann über die Untreue seiner Frau hinwegsah.

Hochstehende und wohlhabende Familien waren der Neugier der Dienstboten ausgesetzt, die ausspionierten, was sich im Schlafzimmer der Herrschaft tat. Wenn Adlige wegen Ehebruchs vor Gericht kamen, traten als Zeugen meist ihre Diener auf. Man kann also sagen, dass es keine sexuelle Privatsphäre gab. Im 17. Jahrhundert behob man dieses Problem mit architektonischen Mitteln, indem man Flure baute, so dass man in den Häusern der Oberschicht nicht mehr die anderen Räume zu durchqueren brauchte, um ins Boudoir der Dame zu gelangen. Die Schlafzimmer wurden zudem in die obere Etage verlegt, was die Herrschaft vor den neugierigen Blicken der Diener schützte.

Interessant ist, dass man in den alten, durch eine klare Ständeeinteilung geprägten Gesellschaften Schamgefühl im persönlichen Bereich meist nur in Gesellschaft gleich- oder höherrangiger Menschen empfand. In Anwesenheit von Personen niedrigeren Standes konnte Schamlosigkeit sogar ein Gunstbeweis sein. So schreibt etwa Della Casa 1558, gewisse Körperteile müsse man verhüllen und dürfe sie nicht entblößen, «außer in Anwesenheit von Menschen, vor denen man sich nicht schämt. Ein hoher Herr kann dieses zum Beispiel vor einem Diener oder einem Freund von niedrigerem Stande tun, denn damit zeigt er keine Überheblichkeit, sondern besondere Zuneigung und Freundschaft.»

Angehörige der Königshäuser und Adlige hatten lange die Angewohnheit, ihre Untertanen zum Beispiel beim Schlafengehen oder beim Aufstehen zu empfangen – und, wie schon an früherer Stelle erwähnt, auch während der Verrichtung ihrer Notdurft. Allerdings mag man sich fragen, ob es sich tatsächlich um eine Gunstbezeigung handelte oder eher um eine arrogante Demonstration des Rangunterschiedes. Als mit der Auflösung des Ständewesens und der zunehmenden Arbeitsteilung die Wechselwirkung zwischen verschiedenen Bevölkerungsgruppen wuchs, «demokratisierte» sich auch die Schamgrenze: Die gesellschaftlich Höherstehenden begannen nun auch in Anwesenheit von Menschen der unteren Schichten Scham zu empfinden. Die Privatsphäre im heutigen Sinne entstand erst im 19. Jahrhundert, als «Zuhause» und «Privatleben» in allen Gesellschaftsschichten in etwa dieselbe Bedeutung erhielten.

Als «hochrangige» Menschen von heute könnte man vielleicht jene Leute bezeichnen, die sich ihr Einkommen vor allem durch Publicity sichern, bestimmte Stars, Unterhaltungskünstler und andere Prominente, deren Intimleben als weitgehend öffentlich betrachtet wird: In Zeitungsberichten oder Biografien über Prominente spielt ihr Sexualleben in der Regel eine wichtige Rolle, denn gerade das verkauft sich.

Es gilt zwar heute als verwerflich und pervers, ins Schlafzimmer der Nachbarn zu spähen, doch das Interesse am Intimleben anderer Menschen ist keineswegs verschwunden. Unterstützung bietet – auch hier – das Fernsehen. Ausgesprochen beliebt wurde zum Beispiel eine ursprünglich amerikanische Talkshow-Variante, in der ganz normale Paare vor dem Studiopublikum und den Fernsehzuschauern Vorfälle oder Tragödien aus ihrem Sexualleben enthüllen. Internationale Bekanntheit erlangte auch das holländische Format «Big Brother», in dem das Zusammen- und Intimleben der in einem Container eingeschlossenen Menschen über in den Zimmern installierte Kameras Tag und Nacht beobachtet wird. Das Prinzip des 1999 entstandenen Formats ist eindeutig Voyeurismus, der jedoch im Kontext der Unterhaltungssendung uneingeschränkt akzeptiert wird.

Auch das Interesse an nackter Haut ist nicht gering. Zahlreiche Formate des Reality-TV stützen sich auf die spärliche Bekleidung der Teilnehmer, so das holländische Format Reality Queens of the Jungle, das mit briefmarkengroßen Bikinis bekleidete junge Frauen zum Wettstreit in eine exotische Umgebung führte. Den Gipfel erreichte der Voyeurismus in der holländischen Serie «Adam Zkt. Eva» (Adam sucht Eva): Weibliche und männliche Singles lernen sich völlig unbekleidet auf einer Pazifikinsel kennen, für Spannung sorgt eine dritte Person, die nackt um die Gunst der jeweiligen Hauptfigur buhlt. In den USA gibt es ein ähnliches Programm, «Dating Naked», bei dem jedoch die Genitalien, die Brüste und der Hintern – in amerikanischer Prüderie – durch Digitaltechnik verschwommen gemacht werden.

SEXUALITÄT AUSSERHALB DES EHEBETTS

Man darf (...) sich weder ausziehen noch zu Bett gehen vor irgendeinem anderen Menschen; vor allem darf man nicht im Beisein einer Person des anderen Geschlechts zu Bett gehen, es sei denn, man ist mit ihr verheiratet. Noch weniger ist es erlaubt, dass Menschen verschiedenen Geschlechts im selben Bett schlafen, wenn es nicht ganz junge Kinder sind. (...) Wenn man durch eine unumgängliche Notwendigkeit gezwungen ist, auf einer Reise das Bett mit einer anderen Person zu teilen, ist es nicht schicklich, sich ihr so zu nähern, dass man sie stört oder berührt. Noch unschicklicher ist es, die Beine zwischen die des anderen zu legen.

Jean-Baptiste de La Salle, *Les règles de la bienséance et de la civilité chrétienne*, 1729

Im Mittelalter bedeutete Sexualmoral nicht Keuschheit im Privatleben, sondern die Einhaltung bestimmter gesellschaftlicher Konventionen und das Vermeiden öffentlicher Skandale. Voreheliche Beziehungen und Ehebruch waren durchaus an der Tagesordnung. Es war erlaubt, sich zu amüsieren, sofern man es heimlich tat.

Wahre Liebe war in der Ritterzeit nur außerehelich möglich. Andreas Capellanus betonte zwar in seinem Buch *De amore*, es sei unschicklich, die Liebesbeziehung eines anderen zu zerstören oder eine Geliebte zu wählen, die man nicht heiraten wolle, die Ehe gehörte jedoch nicht zum Liebesbegriff der Ritter: Capellanus zufolge konnten Ehepartner sich nicht wirklich lieben, daher war die Ehe auch kein Grund, sich nicht in eine andere zu verlieben. Capellanus forderte nicht ausdrücklich zu außerehelichen Beziehungen auf, doch ein ordentlicher Ritter musste zumindest flirten können.

In der Praxis konnten die Ritter ihren Trieben allerdings nur selten freien Lauf lassen. Frauen von adligem Stand, vor allem unverheiratete, wurden aus Angst vor Skandalen streng bewacht: Wenn sie an öffentlichen Festen teilnahmen, wurden sie stets von einer Anstandsdame begleitet, und sie reisten ausschließlich mit Gefolge und in geschlossenen Wagen. Man fürchtete ständig, dass jemand die Frau verführen würde. Robert de Blois schrieb im 13. Jahrhundert ein Benimmbuch für Edelfrauen, *Chastoiement des dames*, in dem er den Frauen riet, mit fremden Männern nicht zu vertraulich umzugehen. Nur der Ehemann durfte seine Frau «umarmen».

Der vertrauliche Umgang des Ehemanns mit anderen Frauen wurde freilich ebenfalls aus männlicher Perspektive beurteilt. Nach Ansicht des Ritters de La Tour Landry durfte eine Ehefrau selbst dann nicht eifersüchtig sein, wenn der Ehemann ihr Anlass dazu gab. Wut und Stolz hätten im Verhalten einer manierlichen Frau keinen Platz. Auch andere mittelalterliche Benimmbücher betonten, dass eine Frau nicht eifersüchtig sein und nicht nach den Affären ihres Mannes fragen dürfe. Einigen Ratgebern zufolge sollte auch der Mann seine Eifersucht verbergen:

Wenn du eifersüchtig bist, so lasse es deine Frau nicht wissen. Das wäre die größte Dummheit, die du begehen könntest. Wenn nämlich deine Frau merkt, dass du eifersüchtig bist, setzt sie alles daran, es noch schlimmer zu machen. Deshalb, mein Sohn, eigne dir eine vernünftige Einstellung zu deiner Frau an.
Schrift aus der Lambeth Palace Library, um 1350

Im einfachen Volk des Mittelalters trat die Sexualität offen und unkontrolliert zutage. Freie sexuelle Beziehungen wurden in der Dorfgemeinschaft ungeniert zur Sprache gebracht, und manche Männer hielten sich ganz offen eine Konkubine.

Züchtigkeit galt als lächerlich, und in der komischen Literatur jener Zeit werden die Geistlichen oft als die schlimmsten Sittenverderber dargestellt – wohl deshalb, weil gerade die Geistlichen Anweisungen für das Sexualleben des einfachen Volkes verfassten.

Eine Frau soll nicht zulassen, dass man ihre Brüste liebkost, dies ist nur ihrem Ehemann erlaubt, und dasselbe gilt für den Mund. Man sollte nicht mit den Liebesangeboten prahlen, die man erhalten hat, denn man weiß ja nicht, was geschehen kann. Es schickt sich nicht, tief ausgeschnittene Kleider zu tragen oder mit dem Hintern zu wackeln.

Diese von Geistlichen verfasste Regel aus dem Mittelalter kommt nicht von ungefähr: Zu jener Zeit war es ganz üblich, dass ein Mann einer Frau, die er gerade erst kennengelernt hatte, einfach an die Brüste fasste, um zu zeigen, dass sie ihm gefiel. Ein Benimmbuch aus der Renaissance warnte die Frauen davor, sich im Übermaß die Brüste drücken zu lassen, denn das könne zu große Vertraulichkeit zur Folge haben.

Im Mittelalter kam die ungenierte Sexualität vor allem in den öffentlichen Bädern zum Ausdruck, in denen Männer wie Frauen ganze Tage verbrachten. Vielsagend ist der mittelalterliche Spruch: «Für die unfruchtbaren Frauen ist das Bad das Beste. Was das Bad nicht tut, das tun die Gäste.» Obwohl die Badehäuser auch die Dienste von Prostituierten anboten, galten sie nicht als schimpflich; die Badekultur wurde von allen Ständen offen gepflegt. Nichts wurde verborgen, auch vor den Kindern nicht: In mittelalterlichen Chroniken und Benimmbüchern finden sich sogar Anweisungen, die sechsjährigen Kindern verbieten, ihr Geld für Huren zu vergeuden. Auch Erasmus beschreibt in seinem Buch, wie Kinder sich gegenüber Prostituierten verhalten sollten.

Die mittelalterlichen Ratschläge konnten, auch wenn sie in warnendem Ton gehalten waren, ausgesprochen direkt und unverblümt sein, wie aus dem *Book of the Civilized Man* hervorgeht, das im 13. Jahrhundert in England verfasst wurde:

Wenn du jung bist und die Wollust dich übermannt und dein Penis dich zu einer Prostituierten lenkt, dann gehe nicht zu einer gewöhnlichen Hure; entleere deine Hoden schnell und entferne dich schleunigst.

Noch im 16. Jahrhundert war der Bordellbesuch als solcher nicht schimpflich, doch für alte und wohlhabende Männer galt er als unschicklich. Die Freudenhäuser waren nämlich für junge Männer vorgesehen, die keine Möglichkeit hatten, zu heiraten. Männer mittleren Alters, die bereits über einen gewissen Wohlstand verfügten, konnten dagegen eine junge Ehefrau für sich gewinnen. Die Bordellmütter informierten die städtischen Behörden, wenn alte Männer ihre Dienste zu häufig in Anspruch nahmen. Auf diese Weise versuchte man Spannungen zwischen den Generationen zu vermeiden – in gewisser Weise hatte man Mitleid mit den jungen, besitzlosen Männern. Auch Vergewaltigungen durch virile junge Männer waren im 16. Jahrhundert eine allgegenwärtige Gefahr.

Durch die Reformation entstanden im 16. Jahrhundert neue Standards des ehrbaren Verhaltens, die vor allem in England und der Schweiz die Sitten veränderten. Untreue Ehepartner wurden nun mit verschiedenen Prangerstrafen belegt, und zum Beispiel in Basel wurden Ehebrecher ins Exil getrieben. In England durften die Behörden bis in die zweite Hälfte des 17. Jahrhunderts in ein Privathaus eindringen, wenn der Verdacht bestand, dass dort die Ehe gebrochen wurde.

Untreue in einer Zweierbeziehung wird in den westlichen Ländern auch heute weitgehend verurteilt: Zwar kam der Liberalismus der Hippiebewegung in der Popkultur der sechziger Jahre zur Geltung, doch heute sind die Verfechter der freien Liebe spärlich gesät. Untreue ist weiterhin der wichtigste Scheidungsgrund, auch wenn die Lebensberater der Boulevardzeitungen gelegentlich Verständnis für Seitensprünge zu wecken versuchen. Im Reality-TV – wo sonst – hat die herrschende Doppelmoral eine perverse öffentliche Erscheinungsform gefunden. So werden etwa in der populären Serie «Temptation Island» Paare in einen luxuriösen Urlaubsort gebracht, wo sie eine Schar attraktiver Vertreterinnen und Vertreter des anderen Geschlechts erwartet. Der Zuschauer darf gespannt sein, wer als erster der Versuchung erliegt – oder wer es als erster wagt zu betrügen.

DAS ANÄMISCHE SEXUALLEBEN DER ADLIGEN

Im 17. und 18. Jahrhundert repräsentierte ein adliges Ehepaar für die anderen Angehörigen des Hofes vor allem sein Adelsgeschlecht und seine Herkunft. Das Familienleben war in Hofkreisen zweitrangig. Adlige Eheleute mochten sich lieben oder eine Kulissenehe führen, einander treu oder untreu sein; das Privatleben eines Adligen ging Außenstehende nichts an – und war oft sogar für den Ehepartner tabu. In der Epoche des Sonnenkönigs waren Liebe und Erotik theoretische Leidenschaften: pathetische Worte, feierliche Schwüre, Höflichkeit und gefühlvolle Briefe. Der Sex hingegen war zurückhaltend, kühl und aristokratisch. Als Ludwig XIV. im Jahr 1715 starb, wurden die Fesseln der strengen Hofetikette ein wenig gelockert. Die Sexualität wurde etwas offener, kleidete sich aber weiterhin in das Gewand der gezierten Manieren und der adligen «Zivilisiertheit».

Das Rokoko favorisierte Esprit, Vernunft und Koketterie. Bezeichnend ist die Anekdote von der Italienerin, die beim Eisessen darüber klagte, das sei keine «Sünde». Leidenschaftlichkeit schickte sich nicht für einen vornehmen Menschen, denn sie zeugte von einem Mangel an Esprit. Andererseits wurden Wollust und Sinnlichkeit jedoch gutgeheißen, da alles, was an ein biederes Familienleben und Liebe erinnerte, als fade und geschmacklos galt. Eheliche Treue wurde als seltsam betrachtet: Als die Herzogin von Orléans auf die Geliebte ihres Mannes wütend wurde, war der Grund nicht der Ehebruch, sondern die Tatsache, dass die Geliebte den Nachttopf der Herzogin benutzt hatte. Alles Bodenständige wurde als Kuriosität interpretiert: Eine Frau, die keinen Liebhaber hatte, war offenbar reizlos; ein Mann, der keine Geliebte hatte, musste impotent sein.

In der Öffentlichkeit scherte man sich nicht um moralische Regeln, hier konnten die Adligen ungehindert gegen die Normen verstoßen, an die sie zu Hause gebunden waren. Als Justine Paris, die Besitzerin des angesehensten Freudenhauses von Paris, 1750 ein neues Etablissement (das Hôtel du Roule) eröffnete, stellte sie fest: «Jeder Adlige spricht darüber, es ist Gesprächsthema in jeder vornehmen Gesellschaft, und kein Ausländer kommt nach Paris, ohne es zu besuchen und sich das Recht auf Liebe zu kaufen.»

In Frankreich und Italien kannte man auch die Institution des offiziellen Liebhabers: Dieser begleitete seine adlige Herrin zu Visiten, zum Ball, ins Theater und sogar in die Kirche. Tatsächlich vertrat auch der frühe Lehrmeister des guten Benehmens, Erasmus von Rotterdam, die Ansicht, es sei nur eine geringfügige Charakterschwäche, eine Geliebte zu haben. Einige Regeln gab es immerhin: Seitensprünge durften keinen Skandal auslösen, und wenn aus der Beziehung ein Kind hervorging, musste man Alimente zahlen.

In Südeuropa und vor allem in Frankreich sind Liebhaber und Geliebte weiterhin «erlaubter» als in Nordeuropa oder in den Vereinigten Staaten – auch für hochrangige Persönlichkeiten. Als nach François Mitterrands Tod die Geliebte und die uneheliche Tochter des ehemaligen Präsidenten an der Beerdigung teilnahmen, sorgte das Bekanntwerden der heimlichen Affäre zum Beispiel in Großbritannien für Schlagzeilen. In Frankreich dagegen entzündete sich die Polemik eher am Auftauchen «der anderen» beim Staatsbegräbnis; die Beziehung selbst war für die Franzosen nichts Neues oder Merkwürdiges. Zwar ist die Affäre zwischen Bill Clinton und Monica Lewinsky nicht direkt mit dem Fall Mitterrand vergleichbar, doch die Dimensionen, die der Sexskandal um den amerikanischen Präsidenten annahm, sagt einiges aus über die voyeuristische Haltung der amerikanischen Kultur gegenüber den Ehebrüchen von Prominenten.

Natürlich bestand das Sexualleben im 18. Jahrhundert nicht nur aus Fremdgehen und Ausschweifung; es gab auch normales Eheleben und Liebe, Letzteres sogar in gesteigerter Form. Als nämlich die Minnesängertradition des Mittelalters erneut in Mode kam, wurde auch die romantische Liebe neu erfunden. Der Kulturhistoriker Lawrence Stone merkt dazu an, in der Romantik habe die menschliche Natur die Kunst imitiert: Man schuf ein romantisiertes Bild vom Mittelalter, das seinerseits auf das Verhalten der Menschen zurückwirkte. Die Vorstellung von der romantischen Liebe herrschte um die Mitte des 18. Jahrhunderts besonders stark in England, wo die Eheleute beispielsweise dazu übergingen, sich zu duzen, statt sich mit dem Titel («Sir», «Madam») anzureden. Eine französische Adlige registrierte bei einem

Besuch in London 1786 die hohe Zahl von «Liebesehen».
Bald erfasste dieser Trend jedoch auch andere europäische
Länder.

DIE ZÄHMUNG DER
SEXUALITÄT
DURCH BENIMMREGELN

*Wir brauchen die moralischen Folgen eines Geschlechtstriebes, der
die Grenzen der Natur überschreitet, nicht in weiter Ferne zu
suchen. Er führt zu schamloser Unanständigkeit und unbe-
schreiblicher Charakterschwäche. Die Befriedigung roher Gelüste
gilt als Bagatelle und eheliche Treue als Alltagsregel für das
dumme Volk. Wir können ohne Schwierigkeiten erschreckende
Opfer der Ausschweifung finden, Greise jungen Alters, lebende
Skelette mit todesbleichen Gesichtern und unbeseelten flackernden
Augen, geschwächter Erinnerung und trübem Verstand. Unsere
Begierden und Bedürfnisse überschreiten das angemessene
Verhältnis zu ihrer Befriedigung. Wir haben nicht nur unsere
moralische, sondern auch unsere physische Freiheit aufgegeben,
uns auf die Ebene der billigsten Sklaven erniedrigt.*

So kritisch werden die Moralauffassungen des 18. Jahrhunderts in dem Buch *Gynaeologie oder Das Geschlechtsleben
in seinem ganzen Umfange* von Christian Gottfried Flittner
beurteilt, das 1795 auf Deutsch erschien und Anfang des
19. Jahrhunderts ins Englische übersetzt wurde. Nach Ansicht der dänischen Kulturhistoriker Ove Brusendorff und
Poul Henningsen handelt es sich um das bekannteste und
wichtigste Werk der Sexualerziehung seiner Zeit. Der Verfasser geißelt Unsitten und Laster, wie es Erzieher zu tun

pflegen, um ihre Botschaft zu vermitteln. Er erinnert aber auch daran, dass der menschliche Geist sich aus der Asche erheben und seine Rechte und seine Kraft erkennen kann. So finden die Menschen ihr verlorenes Wesen wieder, das natürlich aus den Anstandsnormen des Bürgertums besteht. Die sexuellen Ideale sollten diesen Normen entsprechen. Man müsse zwischen Liebe einerseits und rohem Genuss und Lust andererseits unterscheiden; Liebe sei geistig, und Sexualität müsse aus dem Verhalten der Menschen ausgemerzt werden, postulierte das Buch.

In der viktorianischen Epoche entwickelte sich eine Etikette zivilisierten Verhaltens, deren Idealmensch keine sexuellen, tierischen Triebe hatte. Die Etikette verbot schlicht und einfach, sexuelle Empfindungen zu zeigen und über Sexualität zu sprechen. Gegen die biologische Natur führte man auch die Wissenschaft ins Feld: Übermäßige Sexualität wurde als Abnormalität oder Krankheit interpretiert. Als Vorbild der Epoche fungierte Königin Victoria, nach deren Ansicht das Geschlechtsleben ein demütigendes Los für die Frau war – die Frau gleiche einem Opferlamm. Es heißt, Königin Victoria habe von der Existenz lesbischer Liebe keine Ahnung gehabt, bis ihr ein Gesetzentwurf vorgelegt wurde, der gleichgeschlechtliche Liebe verbot. Die Königin weigerte sich zu glauben, dass es Lesben gebe, und strich alle Hinweise auf Frauen aus dem Gesetzentwurf. So wurde in Großbritannien Homosexualität von Männern illegal, während sie bei Frauen nicht kriminalisiert wurde. Die sexualfeindlichen Auffassungen der Königin schufen schließlich eine Etikette, die von der Oberschicht befolgt wurde.

Bei der Sittenkultur der viktorianischen Epoche wirkte dasselbe Motiv mit, das in Verhaltensregeln seit jeher zum Ausdruck kam: der Wunsch nach sozialer Distinktion. Oberschicht und Bürgertum distanzierten sich durch Moral und Züchtigkeit vom einfachen Volk: Nur Menschen aus dem niederen Volk lebten ihre Sexualität offen aus. Die Frauen der Ober- und Mittelschicht führten ein keusches Leben, Triebe hatten nur Frauen aus der Unterschicht, weil sie «weniger intelligent» waren.

Die Etikette der viktorianischen Zeit erinnert an die Moralvorstellungen der Puritaner. Die englischen Puritaner hatten bereits im 17. Jahrhundert danach gestrebt, sexuellen Umgang zu vermeiden, und das Triebleben etwa mit kargen vegetarischen Mahlzeiten und kalten Bädern zu dämpfen versucht. In der viktorianischen Epoche war entscheidend, wie man seine Moral in der Öffentlichkeit zum Ausdruck brachte. Man musste in jeder Situation auf Sittlichkeit achten. Unter anderem war es Frauen verboten, ihre Knöchel zu zeigen, und auch beim Schwimmen waren die Frauen voll bekleidet. Sie wurden in kleinen, von Pferden gezogenen Badehäuschen ans Meeresufer gebracht, dort wurden Treppen ins Wasser gelassen, und die Wagen warteten, bis das Schwimmen beendet war. Auch die Badeanzüge der Männer ließen nur die Waden und die Unterarme frei. Es galt zudem als unschicklich, dass eine Frau sich allein mit einem Mann im selben Raum aufhielt.

Auf jede Koketterie, mag sie auch durch die gegenwärtigen gesellschaftlichen Sitten gutgeheißen werden, sollte entschieden und für immer verzichtet werden. Es gibt keinen Grund, weshalb eine Unterhaltung weniger lebhaft oder eine Gesellschaft weniger angenehm sein sollte, nur weil keine geschmeichelte Eitelkeit, die jederzeit verletzt werden kann, daran beteiligt ist. Wenn eine junge verheiratete Frau respektiert und dadurch in ihrem Leben glücklich sein will, sollte sie ruhige Züchtigkeit zeigen, eine würdevolle Haltung gegenüber dem männlichen Geschlecht, die nicht als Prüderie missverstanden werden kann, weil sie mit ihrer Position und ihren Bindungen übereinstimmt.
Jane Aster, *The Habits of good society*, 1859

Die bekannteste Benimmexpertin jener Zeit war Blanche-Augustine-Angèle Soyer, die 1890 unter dem Pseudonym Baronne Staffe vielzitierte Regeln verfasste. Staffe beklagte zum Beispiel, dass viele Frauen eine gute alte Sitte vergessen hätten: den Beistand einer Anstandsdame, die die Gelüste der Männer dämpfe.

Eine Frau unter dreißig Jahren, oder auch darüber, wenn sie schön ist, geht niemals allein «aus», sondern stets in Gesellschaft einer Freundin, die ein Alter erreicht hat, das keine Begierde mehr weckt. Sie mag vielleicht unglücklich sein, aber sie sucht dennoch keinen sündigen Trost.

Baronin von Staffe hatte zwar Verständnis für plötzlich aufkommende Verliebtheit, forderte aber korrektes Verhalten, um Skandale zu vermeiden:

Eine verheiratete Frau bemerkt es sofort, wenn sich jemand in sie verliebt. Wie verhält sie sich dann, um die Anforderungen weiblicher Schicklichkeit und Ehrbarkeit zu erfüllen? So sicher sie sich ihrer selbst auch ist, sie wehrt die Gefahr auf der Stelle ab, indem sie sich – in Anwesenheit ihrer Mutter oder ihres Mannes – weigert, denjenigen, der so dreist war, in ihre Gefühle einzudringen, weiterhin zu empfangen; sie vermeidet jede Begegnung mit diesem Mann, denn sie muss befürchten, weich zu werden, nachzugeben, und Gott weiß, wohin das führen kann.
Baronne Staffe, *Usages du monde*, 1890

Die viktorianische Moral trennte die Geschlechter streng voneinander. Sogar Bücher wurden nach dem Geschlecht ihrer Verfasser in separate Regale sortiert. Manche Frauen wollten nicht in Zimmern schlafen, in denen Männerporträts an den Wänden hingen.

Die viktorianische Etikette verdrängte die Sexualität auch

aus dem englischen Sprachgebrauch. Deshalb galt es bald als unmoralisch, französische Literatur zu lesen. Wörter wie «Geschlecht» oder «Unterhose» durften Frauen nicht verwenden, so erhielten Frauenunterhosen die Bezeichnung «die Unaussprechlichen». Von schwangeren Frauen sagte man, sie seien «auf dem Land». Die erogenen Zonen durften nicht beim Namen genannt werden: Alles, was vom Kopf bis zur Mitte der Brust reichte, hieß nun pauschal «Brust», und der gesamte Rest des Körpers wurde kurzerhand zum «Bauch»; von Letzterem zu sprechen, verstieß freilich gegen die guten Sitten. Allenfalls sprach man flüsternd über «lebende Kaninchen», «Gänsehälse», «Würste» und «heiße Nachspeisen».

Ein verlobtes Paar wird niemals allein gelassen. Man pflegt die Hochzeitsgeschenke auszustellen, aber Unterwäsche, die die Braut als Geschenk erhält, muss sofort versteckt werden. Sie schockiert den Bräutigam und lässt die Braut vor Scham feuerrot werden.
Baronne Staffe, *Usages du monde*, 1890

Beim Arzt schilderten die Frauen ihre Beschwerden, indem sie an einer Puppe auf die Stellen zeigten, wo sie Schmerzen hatten; so vermieden sie unschickliche Wörter. Es war verboten, den eigenen Körper zu berühren, und man versuchte vor allem Jungen daran zu hindern. Man glaubte, dass Selbstbefriedigung schreckliche Beschwerden verursache und letztlich zu Geisteskrankheit führe. Manche Väter legten ihren Söhnen kleine Käfige als Keuschheitsgürtel an und behielten die Schlüssel bei sich. Zur Verhinderung der Masturbation diente auch ein Gerät, das im Zimmer der Eltern eine Glocke läuten ließ, sooft sich der Penis des Jungen versteifte. Üblich war es auch, die Arme der Kinder über Nacht am Bettrand festzubinden.

Man glaubte, dass eine anständige Frau keine sexuellen

Empfindungen habe. Bezeichnend ist der Rat an die Ehefrau, sie solle beim Sex mit ihrem Mann die Augen schließen und an das Vaterland denken. In dem Ratgeber *Was ein junger Mann wissen muss* von Sylvanus Stall aus dem Jahr 1897 wurde hervorgehoben, dass man höchstens einmal wöchentlich Geschlechtsverkehr haben dürfe, und nur im dunklen Zimmer. Die Partner dürften sich niemals vor den Augen des anderen entkleiden.

Das Bild von den Menschen der viktorianischen Zeit fällt jedoch einseitig aus, wenn man es ausschließlich anhand der Benimmregeln rekonstruiert. Ein Beweis für die bekannte «viktorianische Doppelmoral» ist die Tatsache, dass es in London nie so viele Bordelle gab wie zu jener Zeit. Mit anderen Worten: In kultivierten Kreisen und in der Öffentlichkeit war die Sexualität aus der Sprache und dem Denken verbannt, aber hinter den Kulissen und in den eigenen Gedanken beschäftigte man sich ständig damit. Das wusste auch Baronin von Staffe, die erklärte, eine gute Ehefrau dürfe über die Bordellbesuche ihres Mannes kein Wort verlieren:

Äußert euren Verdacht nicht. Ihr seid vielleicht unglücklich, euer Herz ist gebrochen, aber sucht nicht bei einem anderen Trost, das ist gefährlich, euer Leben kann sündhaft werden. Fügt euch in euer Schicksal. Widmet euch der Behütung eurer Kinder.

Das Zuhause, der private Lebensbereich, wurde in der viktorianischen Zeit hoch geschätzt. Doch draußen auf der Straße war der Mann frei von der Rolle des ehrbaren Familienvaters und den häuslichen Verpflichtungen. Männer und Frauen hatten sehr unterschiedliche Rollen, wie aus den oben zitierten Benimmregeln deutlich hervorgeht. Im 19. Jahrhundert löste eine Ehefrau, die mit ihrem Mann und dessen Freunden in einem Restaurant speiste, einen Skandal aus. Wenn dagegen der Ehemann mit einer fremden Frau im Restaurant aß, taten die anderen Gäste diskret, als würden sie sie nicht bemerken.

VOM (DOPPEL)MORALISCHEN ZUM SOZIALEN SEX

Sprach man im 19. Jahrhundert von «Versuchungen», so spricht man heute von «Beziehungen». Der Wandel der auf die Sexualität verweisenden Ausdrücke zeigt, dass Sexualität heute eher als sozialer denn als tierischer, triebhafter Lebensbereich betrachtet wird. Die öffentliche Einstellung zur Sexualität hat sich in den letzten hundert Jahren radikal verändert. In heutigen Benimmbüchern sucht man vergeblich nach Regeln über das Verhalten im Bett – oder zur Vermeidung der Bettsituation.

Stattdessen bieten Sexratgeber unverblümte Informationen über verschiedene Stellungen, sogenannten «guten Sex» und verkünden in der Regel eine neue «Wahrheit»: Möglichst offen über Sex zu sprechen, ist die Grundvoraussetzung für menschliches Glück. Auch in Druckerzeugnissen der leichteren Art, etwa in Illustrierten für junge Frauen und sogar in Boulevardzeitungen, ist die Frage, was guter Sex ist und wie man ihn bekommt, ein Dauerthema. Während Aristoteles und viele Gelehrte nach ihm erörterten, was ein gutes Leben sei, verwendet man heute reichlich geistige Energie auf die Klärung der Frage, wie man einen guten Orgasmus bekommt.

Was das praktische Verhalten in der Öffentlichkeit betrifft, so hat sich die Kultur jedoch in entgegengesetzter Richtung entwickelt. Betonte man im Mittelalter, ein Mann dürfe die Brüste einer ihm unbekannten Frau nicht zu sehr drücken, so sind heute entsprechende körperliche Berührungen unter Unbekannten absolut tabu. Auf eine versehentliche Berührung folgt sofort eine Entschuldigung, deren Intensität davon abhängt, wie sexuell konnotiert der berührte Körperteil ist. Man kann also offen und sachlich über Sexualität sprechen, doch die kleinste Berührung kann im Zeitalter der politischen Korrektheit zu einer Anzeige wegen sexueller Belästigung führen.

Der zivilisierte Mensch zeichnet sich nach allgemeiner Auffassung dadurch aus, dass er das Objekt seiner Lust, seiner Liebe oder seines Hasses nicht spontan berührt. Die Verhaltensregel, die schon de La Salle im 18. Jahrhundert gab, ist weiterhin ein Maßstab zivilisierten Benehmens, auch bei Erwachsenen: «Die Kinder lieben es, an die Kleider und nach allem, was ihnen gefällt, mit ihren Händen zu greifen. Es ist nötig, diese Gier zu korrigieren und sie zu lehren, das, was sie sehen, lediglich mit dem Auge zu berühren.» Diese Anweisung von de La Salle passt besonders gut in die heutige Gesellschaft, in deren «virtueller Realität» immer mehr – insbesondere die öffentliche Erotik – sich nur noch visuell abspielt, ohne physische Elemente.

Trotz aller Einschränkungen des Betrachtens gab es in unserer Kultur zu allen Zeiten das Bedürfnis, die Sexualität des menschlichen Körpers durch die Kleidung zu betonen. Die im 15. und 16. Jahrhundert gebräuchlichen Schamkapseln hatten ursprünglich den Zweck, das Geschlechtsteil des Mannes zu verhüllen, doch bald wurden auch übertriebene, die Männlichkeit betonende Modelle hergestellt. Und die Frauenkorsetts des 19. Jahrhunderts sorgten nicht nur für eine straffe Haltung, sondern betonten auch die Erotik des weiblichen Körpers gemäß den damaligen Idealen. Die Frauen verwenden bereits seit langem Büstenhalter, bei deren Design Bequemlichkeit und praktische Aspekte keineswegs allein entscheiden: Die Produktion von Modellen, die die erotische Form der Brüste betonen und sogar übertreiben, ist heute ein Riesengeschäft. Mode ist zwar immer schon zeitgebunden und ändert sich bisweilen schnell, doch die Kleidung junger Frauen zeigt bereits seit längerer Zeit den Trend, das Sexuelle eher zu enthüllen als zu verdecken.

Die Betonung von Sexualität und Erotik findet man heute in immer mehr Lebensbereichen, sogar im Spitzensport und in der Politik. Aus der Unterhaltungsindustrie ist die erotisch geprägte Bildwelt nicht wegzudenken, und mit Sex kann man fast alles vermarkten. Heutzutage gelten Menschen, die unfähig sind, offen und öffentlich über ihre Sexualität zu sprechen, als emotional nicht im Gleichgewicht. Nach Ansicht des britischen Mediziners Robert Winston ist Sex nachgerade eine kulturelle Zwangsvorstellung geworden: Auch wenn wir keine übersexualisierten Individuen sind, wenden wir einen großen Teil unserer Zeit für Dinge auf, die mit Sex und Fortpflanzung zu tun haben; wir wollen Geld, Karriere, gutes Aussehen und andere Zeichen für Erfolg, mit deren Hilfe wir den besten und attraktivsten Partner gewinnen können. Sexualität ist also ein akzeptierter Teil unserer Kultur geworden, allerdings nur visuell und begrifflich. Die physische Privatsphäre ist heilig, mehr als je zuvor.

Es gibt zwar Stimmen, die meinen, dass die Sexualität in unserem Leben bereits einen zu hohen Stellenwert eingenommen hat, doch gehören sie eher zu den «einsamen Rufern in der Wüste». Die Erotisierung der Öffentlichkeit ist nur schwer zu bremsen; gesetzliche Eingriffe wären in unserer Kultur problematisch, wenn nicht gar unmöglich. Man mag sich auch fragen, ob sie überhaupt notwendig sind, denn der westliche Zivilisationsprozess hat sich als fähig erwiesen, das konkrete sexuelle Verhalten auf den Bereich des Privatlebens einzuschränken. Obwohl unsere visuelle Umgebung immer mehr sexuelle Reize bietet, führen diese Reize nicht zu impulsiven sexuellen Handlungen, da diese durch die Sitten und die Norm des sozialen Verhaltens kontrolliert werden, die sich über die Jahrhunderte hinweg nachhaltig etabliert haben. Wenn also Manieren und die soziale Zivilisierung ein geistiger Käfig sind, der das tierische Verhalten der Menschen zähmt, dann lautet eine der Grundregeln in diesem Käfig: «Anschauen erlaubt, Berühren verboten!»

VIII
DAS NEUE
DIGITALE
MITTELALTER

DIE NEUEN Kommunikationstechnologien haben die Welt in ein Dorf verwandelt, und so ist es heute leicht, andere Kulturen und Sitten kennenzulernen. Man braucht nicht einmal vom Sofa aufzustehen, denn durch Satellitenschüsseln und das Internet sind selbst die fernsten Kulturen jedem erreichbar. Die Menschen sind nicht mehr wie im finstersten europäischen Mittelalter auf Informationen über die Außenwelt angewiesen, die in Form von Propaganda der zum Glaubenskrieg hetzenden Kirche oder miteinander verfeindeter Herrscher zu ihnen drangen. Neues über die Sitten und Kulturen zu erfahren, interessierte damals freilich schon deshalb nicht viele, weil der Alltag weitgehend ein Überlebenskampf war.

Die Vorstellung von der zivilisierenden Wirkung der Kommunikationstechnologien ist schön, aber naiv. So sind etwa im Fernsehen seriöse Sendungen über andere Kulturen nur ein marginaler Programmbestandteil gegenüber der Unterhaltungsflut. Überall auf der Welt werden in Europa entwickelte Formate des Reality-TV gezeigt, in denen erwachsene Menschen sich gegenseitig verhöhnen und auf makaberste Weise miteinander wetteifern wie die Narren an den mittelalterlichen Höfen. Man mag sich fragen, was Erasmus von Rotterdam von den Formaten halten würde, die seine niederländischen Landsleute entwickelt haben und in denen man in einem verschlossenen Haus Unfug treibt, Paare zum Seitensprung anstachelt oder zu Paarungszwecken nackt auf einer exotischen Insel herumläuft. Sicherlich würde Erasmus sich «fremdschämen» und, wenn er Blogs schriebe, dies durch mehrere das Gesicht bedeckende «Facepalm»-Memen zum Ausdruck bringen.

Das Internet könnte Brückenbauer zwischen den Kulturen sein, doch der «Netiquette», die als Benimmführer für das Internet entwickelt wurde, ist es nicht gelungen, das aggressive Gebaren im Netz zu zügeln, das immer wieder neue Formen annimmt, sobald neue Applikationen entstehen. So loderte zum Beispiel eine alte Plage, der Rassismus, im Gefolge der Flüchtlingswelle 2015 in Europa kräftig auf: Die Fremdenfeindlichkeit verbreitete sich über die sozialen Netzwerke, deren Rolle heute so bedeutsam ist, dass auch die traditionellen Medien sie in ihrer Berichterstattung berücksichtigen müssen. Auf die wiederum reagierten die ohne journalistische Kriterien arbeitenden, rassistischen Gegenmedien und gossen noch Benzin ins Feuer – der Teufelskreis war komplett.

Beeindruckend am historischen Siegeszug der europäischen Sittenkultur ist, wie sich die guten Manieren aus dem Kreis des Hofadels zuerst im Bürgertum und schließlich im einfachen Volk verbreiteten. Auch das Internet und die sozialen Medien sollten ursprünglich die Menschen miteinander verbinden und neue Freundschaftsbeziehungen ermöglichen, doch derzeit weisen das Randalieren, die narzisstische Selbstbeweihräucherung und die Hasstiraden im Internet eher darauf hin, dass das ungehemmte Benehmen des Mittelalters in der virtuellen Welt ein neues Zuhause gefunden hat.

Ein immer größerer Teil der Menschheit verbringt heute einen Teil seines Alltags in den sozialen Netzwerken: Allein die Zahl der registrierten Facebook-Nutzer überstieg im Herbst 2015 anderthalb Milliarden, und auch die Anzahl der täglichen Nutzer lag über einer Milliarde. Im normalen Leben und in der virtuellen Welt herrschen jedoch unterschiedliche Verhaltensnormen, und die Einstellung zur Realität verzerrt sich nur allzu leicht, wenn man sich an Diskussionsforen und sozialen Netzwerken orientiert. Fehlt bei der menschlichen Begegnung und Kommunikation die physische Präsenz, geraten gute Manieren und die Zügelung aggressiver Gefühle schnell in Vergessenheit. Auch die Einstellung derjenigen, die die Internetrealität verwalten, ist gelegentlich weit entfernt von der Alltagserfahrung der Menschen: Es ist absurd, dass einige Riesen der sozialen Netzwerke Fotos von stillenden Müttern oder leicht bekleideten Menschen aus ihren Plattformen entfernen, offene Hasspredigten dagegen weniger streng kontrollieren, weil sie fürchten, die Redefreiheit einzuschränken.

Der amerikanische Psychologe John Suller veröffentlichte 2004 einen Artikel, in dem er untersuchte, weshalb sich die Menschen im Internet aggressiv verhalten. Die Anonymität, so folgerte er, ermutigt dazu, Dinge zu tun, die man im wahren Leben nie tun würde; im Internet empfindet man die eigene Existenz als weniger verletzlich. Während man online kommuniziert, nimmt man nicht wahr, wie die anderen gestikulieren, seufzen oder den Kopf schütteln. Sobald man nicht von Angesicht zu Angesicht miteinander redet, fallen die nonverbalen Signale der Kommunikation weg; in diesem Fall definiert der Mensch die Eigenschaften der «Person», mit der er kommuniziert, selbst. Häufig spiegeln sich in dieser Definition eher die eigenen Wünsche, Bedürfnisse und Hoffnungen wider als die tatsächlichen Eigenschaften des Gegenübers. Die Phantasie schafft eine neue soziale Wirklichkeit, ein Schlachtfeld der Internet-Identitäten.

Die Online-Kommunikation ist außerdem nicht an Zeit und Ort gebunden, man kann sie jederzeit beenden. Bei der Kommunikation von Angesicht zu Angesicht entkommt man seinem Gegenüber nicht, während man im Internet seine Meinung hemmungslos äußern kann, da man nicht sofort auf die Reaktion der Gegenseite einzugehen braucht. Zur Not kann man den Computer einfach abschalten. Suller zufolge ist das Leben im Internet für manche wie ein Spiel, in dem die Regeln und Normen des Alltagslebens nicht gelten und das man beenden kann, wann immer man will. Es handelt sich um Eskapismus; man vergisst den Alltag und befriedigt seine Wünsche, ohne dass man sich um die Folgen seines Verhaltens kümmern müsste.

Eine größere Gefahr geht jedoch nicht von einzelnen Individuen aus, die sich im Internet unangemessen verhalten, sondern vom Gruppendruck, der in der Internetrealität entsteht und unberechenbare Folgen haben kann. Außenstehende lösen nicht die gleiche Empathie aus wie Mitglieder unserer eigenen Gruppe, daher ist es leicht, von der Massenkraft der eigenen Gruppe getrieben, die Außenstehenden zu dämonisieren. In der Masse konzentriert sich die Dummheit, sagt eine finnische Redewendung – das gilt auch für die digitale Masse. So sorgt sich etwa Arsène Wenger, der französische Trainer des englischen FC Arsenal, wegen der Aggressionen, die die europäischen Fußballfans in den sozialen Netzwerken ablassen; seiner Meinung nach kann daraus eines der größten Probleme entstehen, mit denen sich die

Fußballkultur auseinandersetzen muss. Wenger erklärte in einem Interview auf goal.com, dass aus der Auffassung eines einzelnen Fans ein Strom entstehen kann, der in den sozialen Netzwerken rasch zu einer ungeheuren Wutwelle anwächst. Es ist eine erschreckende Beobachtung, zumal wir wissen, dass gewalttätiges Verhalten von Fußballfans als Phänomen erheblich älter ist als die sozialen Netzwerke.

Mit spontanen Gefühlsausbrüchen im Netz werden auch Lehrer, Journalisten und Wissenschaftler konfrontiert – Menschen, die Wissen generieren und weitergeben und deren Sachverständnis unreflektiert in Frage gestellt wird. Das «Trollen» genannte bewusste Schüren von Aggressionen geschieht in der Absicht, Verwirrung zu stiften oder Hass auf bestimmte Sachverhalte oder Personen zu wecken. Häufig geschieht dies im Schutz von Pseudonymen, aber es gibt auch offene Trollaktivitäten, zum Beispiel auf einer Webseite, die eigens geschaffen wurde, um gegen bestimmte gesellschaftliche oder politische Entwicklungen zu kämpfen. Das Trollen kann also eine politische Agenda verfolgen, doch häufiger handelt es sich um persönlich motivierte Angriffe gegen einzelne Personen und Menschengruppen. In beiden Fällen ist die Triebkraft jedoch dieselbe: Mit Hilfe des Internets sollen negative Gefühle und Zwietracht gesät werden.

Die Internetwelt und die sozialen Netzwerke schaffen also eine eigene Realität, in der jeder das repräsentieren kann, was er will, und sich benehmen kann, wie es ihm gefällt. Im schlimmsten Fall verbreiten sich diese Verhaltensmuster dann auch dort, wo wir uns physisch begegnen.

Sind wir über die Entwicklung des Internets in ein neues, digitales Mittelalter gelangt, in dem wir bei der virtuellen Begegnung unsere Gefühlsäußerungen nicht mehr kontrollieren? Leben wir in einer neuen Epoche der Aggressivität? Sind wir bereit, mit dem Schwert – wenn auch nur mit dem Schwert des Wortes – auf unseren Gesprächspartner einzuschlagen, nur weil uns gerade danach ist? Im digitalen Mittelalter von heute scheinen Herausforderung, Verhöhnung, Aggressivität und Mangel an Empathie zum Alltag zu gehören.

Freilich verstand man sich auch früher schon darauf, Hass zu predigen, nur hatte man noch nicht die gleichen Instrumente. Die Hexenverfolgung wäre noch vernichtender gewesen, wenn den Trollen in den Dominikanerklöstern das Internet zur Verfügung gestanden hätte. Man kann sich nur ausmalen, wie effektiv die Inquisitoren bei ihrer Jagd auf Andersdenkende die sozialen Netzwerke und Diskussionsforen als Bespitzelungsinstrument genutzt hätten.

Tatsächlich trollt der Mensch, seit er schreiben kann. Im antiken Griechenland fürchtete man sich vor dem teuflischen Sprachgebrauch der Dichter und den boshaften öffentlichen Spottgedichten, die als jambische Dichtung oder Jamben bezeichnet wurden. Beispielsweise wurde das Werk *Silloi*, das der Skeptiker Timon von Phleius im Jahr 250 v. Chr. schrieb und in dem er die Philosophen seiner Zeit angriff, als «Beleidigung aller Menschen» bezeichnet.

Im Italien der Renaissance engagierte man sogar Dichter, um andere zu verunglimpfen, wenn die eigene Feder nicht spitz genug war. Der berühmteste Verfasser von Schmähgedichten war der Satiriker Pietro Aretino, der denjenigen, die er verhöhnen wollte, offene Briefe schickte. 1525 erschien eine Schmähschrift von Aretino, deren Adressat den Autor ermorden lassen wollte, was ihm auch beinahe gelungen wäre. Aretino floh nach Venedig, wo sein Ruhestand von zwei europäischen Herrschern finanziert wurde: von König Franz I. und Kaiser Karl V. Beide zahlten Aretino eine Rente in der Hoffnung, der Satiriker werde den jeweils anderen diffamieren.

In der griechischen Mythologie verliebt sich der schöne Narziss so glühend in sein Spiegelbild in einer Bergquelle, dass er zu essen vergisst und schließlich ausgezehrt stirbt. Heute können sich die Menschen in den sozialen Netzwerken ein neues Selbstbild erschaffen, das jedoch oft so verfälscht ist wie in den Zerrspiegeln eines Vergnügungsparks. Der Internetservice WhoIsHostingThis.com führte 2012 eine Umfrage unter den Nutzern durch, die enthüllte, wie üblich das Schwindeln in den sozialen Netzwerken ist. Die Nutzer aktualisierten ihren Status beispielsweise mit Berichten über interessante Aktivitäten, während sie in Wahrheit gemütlich zu Hause saßen. Ein großer Teil der Befragten gab offen zu, im Facebook-Profil verfälschte Informationen verwendet zu haben. Die Untersuchungsergebnisse wiesen bei mehr als einem Drittel der Befragten eine Tendenz zu pathologischem Egozentrismus nach.

Auch Professor Christopher Carpenter von der Universität Western Illinois untersuchte 2012 das Geltungsbedürfnis von Facebook-Nutzern. Als Kriterien dienten ihm häufige Statusaktualisierungen, neue Selbstporträts und ständige Profilverbesserungen. Er stellte fest, dass die Nutzer sich ärgerten, wenn niemand ihre Aktualisierungen kommentierte, und dass einige sich für öffentliche negative Kommentare rächten. Die Untersuchung zeigt, dass Facebook narzisstisches Verhalten verstärkt, weil es die Möglichkeit zu Hunderten von oberflächlichen Beziehungen und zu emotional unverbindlicher Kommunikation bietet. Menschen, die besonders viele Facebook-Freunde gesammelt hatten, neigten zu exhibitionistischem Narzissmus, der sich in einer geschönten Selbstdarstellung äußerte, aber auch in dem Bedürfnis, andere Menschen zu manipulieren und auszunützen. Vielleicht sollte man sich an das Ende des Narziss-My-thos erinnern: Die Nymphen betrauern den an der Quelle gestorbenen Jüngling mit lauten Seufzern, die die Nymphe Echo, die von Narziss barsch abgewiesen worden war, un-ablässig wiederholt. Auch im Internet sollte man mit seinem selbstgeschaffenen Bild vorsichtig sein, denn dieses Bild zir-kuliert womöglich für alle Zeiten im Netz.

Der französische Philosoph Rousseau machte bereits 1750 in seinem Werk *Discours sur les sciences et les arts* ähnliche Be-obachtungen. Rousseau behauptete, Kunst und Wissenschaft hätten der Menschheit keinen Nutzen gebracht, weil nicht die Bedürfnisse der Menschen, sondern Stolz und Eitelkeit sie vorangebracht hätten. Die materielle Entwicklung habe die echte Freundschaft zerstört und durch Neid, Angst und Misstrauen ersetzt. Nach Rousseaus Ansicht hatte die Ent-wicklung sozialer Abhängigkeitsbeziehungen dem Wohl-ergehen der Menschen geschadet. Aus der positiven Liebe zu sich selbst sei Eigenliebe geworden. Erstere stehe für den natürlichen Selbsterhaltungstrieb, Letztere dagegen sei ein künstliches Gefühl und veranlasse den Menschen, sich mit anderen zu vergleichen: Sie schaffe unberechtigte Furcht und ermögliche die Schadenfreude, den Genuss an den Schwächen und dem Leid anderer.

Würde Rousseau heute leben, hätte er wahrscheinlich nicht viele Facebook-Freunde. Er würde für niemanden den Daumen hochrecken. Obwohl Rousseau egozentrisch war, würde er den Passanten in den europäischen Metropolen nicht mit Selfie-Sticks im Weg stehen und den Rest der Welt nicht durch ständige Aktualisierungen auf seine eigene Vor-trefflichkeit hinweisen. Stattdessen würde er sarkastische Bemerkungen über den Narzissmus der Menschen und den Niedergang der Zivilisation machen. Für Rousseau würde kaum ein Unterschied bestehen zwischen den Facebook-Profilen und dem Hof des Sonnenkönigs, wo die tatsächliche

Person unter Puder, Perücke und förmlichen Manieren verborgen wurde.

Auch wenn die Heuchelei der Facebook-Bewohner Rousseau nicht überraschen würde, wäre er sicherlich erstaunt über die Gesprächskultur des digitalen Zeitalters. Rousseau selbst äußerte sich unverblümt und nicht selten schroff, doch über anonyme Drohungen und die Verbreitung erlogener Behauptungen wäre er entsetzt. Er würde sie als Beweis dafür betrachten, dass die Menschheit in die Zeit vor der Aufklärung zurückgekehrt sei, in die Zeit der Glaubenskriege, als die Massen durch Hasspredigten gegen Minderheiten aufgehetzt wurden.

ZUM SCHLUSS: DER VATER UND DER UNGEZOGENE SOHN

ARCHÄOLOGEN ENTDECKTEN in den Ruinen von Babylon eine um 1750 v. Chr. beschriebene Tontafel mit einem Text unter dem Titel «Der Vater und der ungezogene Sohn». Auf dieser Tontafel tadelt ein sumerischer Vater seinen unartigen Sohn, der die Schule geschwänzt, sich auf den Straßen Babylons herumgetrieben und sich auch sonst schlecht benommen hat:

Geh in die Schule und tritt vor deinen Lehrer, sag deine Aufgaben auf, öffne deine Schultasche, schreibe auf deine Tontafel. (…) Sei ein Mann. Du sollst dich nicht auf dem Markt herumtreiben oder durch die Straßen flanieren, du sollst dich nicht ständig umschauen. Sei demütig und fürchte deinen Lehrer. Wenn du ihn fürchtest, mag er dich leiden. Erreichst du durch das Herumtreiben auf dem Markt irgendetwas? Du Bösewicht, um den ich mich sorge. Was ich dir erzähle, macht einen Verrückten klug, zähmt eine Schlange durch Verzauberung und hindert dich an schlechten Sitten. Dein Lärmen hat mich erzürnt. Dein Murren ist mir zuwider. Du hast mich fast in den Tod getrieben. Ich habe dir nie gesagt: Geh arbeiten und sorge für meinen Lebensunterhalt. Andere deiner Art müssen bereits durch Arbeit ihre Eltern versorgen. Du arbeitest wahrlich nicht so wie deine Verwandten.

Diese vor fast viertausend Jahren geschriebene Standpauke erinnert uns daran, dass sich möglicherweise nichts unter der Sonne verändert hat. Heute würde man vielleicht sagen: «Lass dir die Haare schneiden und such dir einen Job.» Auch heute noch halten Eltern ihren Nachwuchs für ungezogen und lassen sich darüber aus, dass ein derartiges Benehmen in ihrer eigenen Jugend undenkbar gewesen wäre.

Die Schrift auf der Tontafel ist ein hübscher Beweis dafür,

dass es immer einen Generationenkonflikt gegeben hat und dass dies am deutlichsten in den Sitten und dem Benehmen zum Ausdruck kommt. Es gibt immer eine Generation, die ihre eigenen Sitten als vorbildlich hinstellt. Die Benimmbücher haben zwar je nach Epoche unterschiedliche Manieren empfohlen, doch fast immer findet sich zwischen den Zeilen diese gleiche Aussage. Die Jugend war immer schon verkommen. Jede Generation singt also dieses Klagelied aufs Neue, und diese Kette der Klagen besorgter Eltern lässt sich offenbar bis in das alte Zweistromland zurückverfolgen.

In diesem Buch wurde versucht, die teilweise überraschenden Gründe für den Wandel der europäischen Verhaltensweisen zu beleuchten und andererseits zu zeigen, dass die Folgen der Entwicklung nicht ausschließlich so segensreich sind, wie es der selbstbewusste Glanz der Etikette behauptet. Benimmbücher erklären, wie man sich benimmt; dieses Buch versucht zu erklären, *warum* man sich so benimmt. Die Geschichte der Sittenkultur ist nicht immer erbaulich, doch es kann tröstlich sein, sie zu kennen, weil sie uns zu verstehen hilft, wie manche scheinbar so selbstverständlichen Regeln der westlichen Lebensweise entstanden sind. Wie der große Geschichtsphilosoph Hegel sagte: «Die Eule der Minerva beginnt erst mit der einbrechenden Dämmerung ihren Flug.» Auch in der Antike glaubten die Menschen, die Eule begleite Minerva, die Göttin der Weisheit, doch es steht zu vermuten, dass in der heutigen Internet-Zeit die Eule stur auf ihrem Ast sitzt, die Augen fest geschlossen.

Die Gesellschaft hat sich verändert, die Verhaltensweisen haben sich verändert, und so drängt sich die Frage auf, ob auch der Mensch sich verändert hat. Die Antwort kann nur lauten: Ja und nein. Die gesellschaftliche Entwicklung hat neue Verhaltensnormen entstehen lassen und Lebenssituationen mit sich gebracht, die neue soziale Fähigkeiten erforderten. Heute ist die «grundlegende Etikette» in der westlichen Welt bereits so etabliert, dass sie sich nur noch langsam und unmerklich verändern wird. Dagegen muss der Mensch auf einer anderen, weniger oberflächlichen Ebene des Umgangs mit immer vielfältigeren Gebräuchen zurechtkommen: Infolge des zunehmenden Pluralismus besteht die Gesellschaft aus einer wachsenden Schar von Subkulturen, deren Verhalten durch einen spezifischen gemeinschaftlichen Faktor bestimmt wird, sei es die Mode, die Lebensweise, der kulturelle Hintergrund oder eine weltanschauliche Ideologie. Den Verhaltenskodex solcher Gemeinschaften kennenzulernen, ist heute für jeden ein wichtiges Projekt.

Zwar ist unser Verhalten in Alltagssituationen nicht mehr offen gewalttätig, doch in seinem Wesen hat sich der Mensch nicht verändert, denn es gibt keine «menschliche Natur»: Der Mensch war immer weitgehend das, wozu ihn die umgebende Gesellschaft erzogen hat; unser Verhalten beruht im Wesentlichen auf der Einhaltung gemeinschaftlicher Normen. Doch das beste Benehmen kommt immer von Herzen. Im Kern geht es um die aufrichtig gemeinte Rücksicht auf den anderen. Deshalb ist echte Zivilisation, ist zivilisiertes Benehmen nicht die mechanische Befolgung von Regeln oder Verhaltensmustern, sondern das, was der bedeutendste Moralphilosoph der Neuzeit, Immanuel Kant, unter der «Befreiung aus der selbstverschuldeten Unmündigkeit» verstand: die freie Entscheidung des Einzelnen, sich seines Verstandes zu bedienen und dementsprechend zu handeln. Diesen Verstand braucht man sowohl in moralischen Fragen als auch bei der Entscheidung, was sich in Gesellschaft anderer schickt und was nicht. Und das natürlich auch im Internet.

LITERATURLISTE

Aceves, Joseph (1974): *Identity, Survival, and Change. Exploring Social/Cultural Anthropology*. General Learning Press, New Jersey.

Ackerman, Diane (2002): *Die schöne Welt der Sinne*. Europa-Verlag, Hamburg; Wien.

Ahmed, Rollo (1994): *The Black Art*. Senate, London.

Alho, Olli (1988): *Hulluuden puolustus ja muita kirjoituksia naurun historiasta*. WSOY, Juva.

Argyle, Michael (1994): *The Psychology of Interpersonal Behaviour*. Penguin, London.

Ariès, Philippe (1975): *Geschichte der Kindheit*. Hanser, München.

Aster, Jane (1859): *The Habits of Good Society: a Handbook for Ladies and Gentlemen, with Thoughts, Hints, and Anecdotes Concerning Social Observances, Nice Points of Taste and Good Manners, and the Art of Making One's-self Agreeable*. London.

Bachtin, Michail (1987): *Rabelais und seine Welt. Volkskultur als Gegenkultur*. Suhrkamp, Frankfurt a. M.

Bagge, Sverre (1984): *Høymiddelalderen*. Cappelens Verdenshistorie 8. Cappelen, Oslo.

Barthélemy, Dominique (1988): «Kinship». In: Philippe Ariès und Georges Duby (Hrsg.): *A History of Private Life II: Revelations of the Medieval World*. The Belknap Press of Harvard University Press, Cambridge Mass., London.

Barthélemy, Dominique & Philippe Contamine (1988): «The Use of Private Space». In: Philippe Ariès und Georges Duby (Hrsg.): *A History of Private Life II: Revelations of the Medieval World*. The Belknap Press of Harvard University Press, Cambridge Mass., London.

Bergson, Henri (1972): *Das Lachen. Ein Essay über die Bedeutung des Komischen*. Verlag der Arche, Zürich.

Bogucka, Maria (1993): «Gesture, Ritual, and Social Order in Sixteenth- to Eighteenth-Century Poland». In: Jan Bremmer und Herman Roodemburg (Hrsg.): *A Cultural History of Gesture*. Polity Press, Cambridge UK.

Bourdieu, Pierre (1982): *Die feinen Unterschiede. Kritik der gesellschaftlichen Urteilskraft.* Suhrkamp, Frankfurt a. M.

Braudel, Fernand (1985): *Sozialgeschichte des 15–18. Jahrhunderts. Bd. 1. Der Alltag.* Kindler, München.

Bremmer, Jan und Herman Roodemburg, Hrsg. (1993): *A Cultural History of Gesture.* Polity Press, Cambridge UK.

Bremmer, Jan (1993): «Walking, Standing and Sitting in Ancient Greek Culture». In: *A Cultural History of Gesture.* Polity Press, Cambridge UK.

Brosse, Jacques (1961): *Das tägliche Leben. 100 000 Jahre Kultur im Bild der Geschichte.* Scherz, Bern.

Brusendorff, Ove und Poul Henningsen (1966): *A history of eroticism II.* Lyle Stuart, New York.

Burckhardt, Jacob (1860): *Die Kultur der Renaissance in Italien.* Schweighauser, Basel.

Burke, Peter (1981): *Helden, Schurken und Narren. Europäische Volkskultur in der frühen Neuzeit.* Klett-Cotta, Stuttgart.

Canetti, Elias (1960): *Masse und Macht.* Claassen, Hamburg.

Carpenter, Christopher (2012): «Narcissism on Facebook: Self-promotional and Anti-social Behavior». In: *Personality and Individual Differences,* Vol. 52, issue 4.

Chesterfield, Lord (1774–1777): *Briefe an seinen Sohn.* Übers. v. Johann Gottfried Gellius.

Clark, Christopher (2007): *Preußen. Aufstieg und Niedergang 1600–1947.* Deutsche Verlagsanstalt, München.

Contamine, Philippe (1988): «Peasant Hearth to Papal Palace: The Fourteenth and Fifteenth Centuries». In: Philippe Ariès und Georges Duby (Hrsg.): *A History of Private Life II: Revelations of the Medieval World.* The Belknap Press of Harvard University Press, Cambridge Mass., London.

Corbin, Alain (1990): «Backstage». In: Philippe Ariès und Georges Duby (Hrsg.): *A History of Private Life IV: From the Fires of Revolution to the Great War.* The Belknap Press of Harvard University Press, Cambridge Mass., London.

Darnton, Robert (1989): *Das große Katzenmassaker. Streifzüge durch die französische Kultur vor der Revolution.* Hanser, München.

Della Casa, Giovanni (1607): *Galateus: das Büchlein von erbarn, höflichen und holdseligen Sitten.* Franckfurt.

Douglas, Mary (1985): *Reinheit und Gefährdung. Eine Studie zu Vorstellungen von Verunreinigung und Tabu.* Reimer, Berlin.

Drake, Fred W. (1975): *China Charts the World: Hsü Chi-Yü and His Geography of 1848*. East Asian Research Center, Cambridge, MA.

Duby, Georges (1988): «Introduction. Private Power, Public Power». In: Philippe Ariès und Georges Duby (Hrsg.): *A History of Private Life II: Revelations of the Medieval World*. The Belknap Press of Harvard University Press, Cambridge Mass., London.

Duby, Georges (1988): «Communal Living». In: Philippe Ariès und Georges Duby (Hrsg.): *A History of Private Life II: Revelations of the Medieval World*. The Belknap Press of Harvard University Press, Cambridge Mass., London.

Elias, Norbert (1939): *Über den Prozess der Zivilisation*. Haus zum Falken, Zürich.

Elias, Norbert (1969): *Die höfische Gesellschaft*. Luchterhand, Neuwied.

Elias, Norbert (1982): *Über die Einsamkeit der Sterbenden in unseren Tagen*. Suhrkamp, Frankfurt a. M.

Elmgren-Heinonen, Tuomi (1961): *Käytöksen kultainen kirja*. WSOY, Porvoo.

Endres, Franz Carl (1942): *Die Kulturgeschichte der Frau*. Hallwag, Bern.

Erasmus von Rotterdam (1532): *Zuchtbüchlein vor die Jungen knaben*. Michael Blum, Leipzig.

etiquettescholar.com

Fabre, Daniel (1989): «Families: Privacy versus Custom». In: Philippe Ariès und Georges Duby (Hrsg.): *A History of Private Life III: Passions of the Renaissance*. The Belknap Press of Harvard University Press, Cambridge Mass., London.

Flandrin, Jean-Louis (1985): «Sex in married life in the early Middle Ages: the Church's teaching and behavioural reality». In: Philippe Ariès and André Béjin (Hrsg.): *Western Sexuality. Practise and Precept in Past and Present Times*. Blackwell, Oxford.

Foucault, Michel (1976): *Überwachen und Strafen. Die Geburt des Gefängnisses*. Suhrkamp, Frankfurt a. M.

Frisch, Hartvig (1928): *Europas kulturhistorie*. Koppels Forlag, Kopenhagen.

Friedell, Egon (1927–31): *Kulturgeschichte der Neuzeit I–II*. Beck, München.

Frijhoff, Willem (1993): «The Kiss Sacred and Profane: Reflections on a Cross-cultural Confrontation». In: Jan Bremmer und Herman Roodemburg (Hrsg.): *A Cultural History of Gesture*. Polity Press, Cambridge UK.

The Good Wife's Guide. Le Ménagier de Paris (2009). Übers. v. Gina L. Greco und Christine M. Rose. Cornell University Press, Ithaca, London.

Graf, Fritz (1993): «Gestures and Conventions: the Gestures of Roman Actors and Orators». In: Jan Bremmer und Herman Roodemburg (Hrsg.): *A Cultural History of Gesture*. Polity Press, Cambridge UK.

Grue-Sørensen, K. (1960): *Opdragelsens historie 1*. Gyldendal, Kopenhagen.

Gulin, E. G. & Turo Niemi (1949): *Avioliitto. Opaskirja Suomen kodeille*. Otava, Helsinki.

Houben, Hubert (1997): *Roger II. von Sizilien*. Wissenschaftliche Buchgesellschaft, Darmstadt.

Houy, Benjamin: *The Art of French Greetings*. frenchtogether.com/french-greetings/, abgerufen am 30. 11. 2015.

Huizinga, Johan (1938): *Homo Ludens*. Akademische Verlagsanstalt Pantheon, Basel.

Huizinga, Johan (1924): *Herbst des Mittelalters. Studien über Lebens- und Geistesformen des 14. und 15. Jahrhunderts in Frankreich und in den Niederlanden*. Drei Masken Verlag, München.

Karumo, Veikko & Olavi Järvi (1965): *Miehen etikettikirja*. Otava, Helsinki.

Leikola, Anto (1982): *Naurun biologiaa ja muita esseitä*. WSOY, Juva.

Le Roy Ladurie, Emmanuel (1980): *Montaillou. Ein Dorf vor dem Inquisitor*. Propyläen, Frankfurt a. M.

Lewis, W. H. (1968): «Court Etiquette». In: Norman F. Cantor und Michael S. Wertham (Hrsg.): *The History of Popular Culture*. The Macmillian Company, New York.

Lorenz, Konrad (1963): *Das sogenannte Böse. Zur Naturgeschichte der Aggression*. Dr. G. Borotha-Schoeler Verlag, Wien.

MacDonald, Sharon (1994): «Whisky, Women and the Scottish Drink Problem. A View from the Highlands.» In: Maryon McDonald (Hrsg.): *Gender, Drink and Drugs*. Berg, Oxford/Providence.

Martin-Fugier, Anne (1990): «Bourgeois Rituals». In: Philippe Ariès und Georges Duby (Hrsg.): *A History of Private Life IV: From the Fires of Revolution to the Great War II*. The Belknap Press of Harvard University Press, Cambridge Mass., London.

Meserve, Ruth: (1982): «The Inhospitable Land of the Barbarian». *Journal of Asian History*, XVI, 51–89.

Morris, Desmond (1968): *Der nackte Affe*. Droemer-Knaur, München.

Morris, Desmond (1969): *Der Menschen-Zoo*. Droemer-Knaur, München.

Morris, Desmond (1971): *Intimate Behaviour*. Random House, London.

Morris, Desmond (1978): *Der Mensch, mit dem wir leben*. Droemer-Knaur, München.

Morris, Desmond (1986): *Bodywatching – Körpersignale*. Droemer-Knaur, München.

Mosse, George Lachmann (1997): *Das Bild des Mannes. Zur Konstruktion der modernen Männlichkeit*. S. Fischer, Frankfurt a. M.

Muchembled, Robert (1993): «The Order of Gestures: a Social History of Sensibilities Under the Ancien Régime in France». In: Jan Bremmer und Herman Roodemburg (Hrsg.): *A Cultural History of Gesture*. Polity Press, Cambridge UK.

Murray, Gregg R. und J. David Schmitz (2011): «Caveman Politics: Evolutionary Leadership Preferences and Physical Stature.» In: *Social Science Quarterly*, Vol. 92, Issue 5.

Mustanoja, Tauno F. (1948): *The Good Wife Taught Her Daughter*. SKS, Helsinki.

Nevanlinna, Arne (1994): *Isän maa*. WSOY, Helsinki.

Norgaard, Erik (1967): *When Ladies Acquired Legs*. Spearman, London.

Oppenheim, Janet (1991): «Shattered Nerves». *Doctors, Patients, and Depression in Victorian England*. Oxford University Press, Oxford, New York.

Peltonen, Matti (1988): *Viinapäästä kolerakauhuun. Kirjoituksia sosiaalihistoriasta*. Hanki ja jää, Helsinki.

Pulla, Armas J. (1964): *Leipää ja viiniä. Aatamista isosiän päiviin*. Otava, Helsinki.

Pulla, Armas J. (1968): *Vuosituhansien nainen*. Otava, Helsinki.

Pulla, Armas J. (1988): «Pieni gastronomian historia». In: *Anno Gastronomico 1988. Hyvän ruoan ystävän vuosikirja*. Peilikuva, Helsinki.

Radzinowicz, Leon (1968): «The Attractions of Public Executions».
In: Norman F. Cantor und Michael S. Wertham (Hrsg.): *The History of Popular Culture*. The Macmillian Company, New York.

Regan, Gary (1991): *The Bartender's Bible*. Harper Paperbacks,
New York.

Régnier-Bohler, Danielle (1988): «Imagining the Self». In: Philippe
Ariès und Georges Duby (Hrsg.): *A History of Private Life II:
Revelations of the Medieval World*. The Belknap Press of Harvard
University Press, Cambridge Mass., London.

Revel, Jacques (1989): «The Uses of Civility». In: Philippe Ariès
und Georges Duby (Hrsg.): *A History of Private Life III: Passions of
the Renaissance*. The Belknap Press of Harvard University Press,
Cambridge Mass., London.

Roodenburg, Herman (1993): «The ‹Hand of Friendship›: Shaking
Hands and Other Gestures in Dutch Republic». In: Jan Bremmer
und Herman Roodemburg (Hrsg.): *A Cultural History of Gesture*.
Polity Press, Cambridge UK.

Rossiaud, Jacques (1985): «Prostitution, Sex and Society in French
Towns in the Fifteenth Century». In: Philippe Ariès and André
Béjin (Hrsg.): *Western Sexuality. Practise and Precept in Past and
Present Times*. Blackwell, Oxford.

Russell, Frederick H. (1977): *The Just War in the Middle Ages*.
Cambridge University Press, Cambridge.

Salonen, Armas (1973): *Elettiinpä ennenkin eli muinaisuus elää
nykyajassa*. Suomen itämaisen seuran kansantajuisia julkaisuja
no. 17. Helsinki.

Schivelbusch, Wolfgang (1980): *Das Paradies, der Geschmack und
die Vernunft*. Hanser, München.

Sennett, Richard (1983): *Verfall und Ende des öffentlichen Lebens*.
S. Fischer, Frankfurt a. M.

Simmel, Georg (1905): *Philosophie der Mode*. Pan Verlag, Berlin.

Sournia, Jean-Charles (1990): *A History of Alcoholism*. Basil Blackwell,
Oxford.

Spierenburg, Pieter (1991): *The Broken Spell. A Cultural and
Anthropological History of Preindustrial Europe*. Rutgers University
Press, New Brunswik.

Stallybrass, Peter und Allon White (1986): *The Politics & Poetics
of Transgression*. Methuen, London.

Stone, Lawrence (1979): *The Family, Sex and Marriage in England
1500–1800*. Abridged Edition, Harper & Row.

Strayer, Joseph R., Hrsg. (1988): *Dictionary of the Middle Ages. Vol 3.* Charles Scribner's Sons, New York.

Strömberg, Jari (1989): *Suuri olutkirja. Tietosanoma.* WSOY, Porvoo.

Suler, John (2004): *The Online Disinhibition Effect.* Cyberpsychology & Behaviour Volume 7, Number 3, p. 321–326.

Talvi, Jussi (1989): *Gastronomian historia.* Otava, Helsinki.

Thompson, F. M. L. (1988): *The Rise of Respectable Society. A Social History of Victorian Britain, 1830–1900.* Fontana Press, Glasgow.

Todorov, Tzvetan (1985): *Die Eroberung Amerikas. Das Problem des Anderen.* Suhrkamp, Frankfurt a. M.

Tuan, Yi-Fu (1974): *Topophilia. A Study of Environmental Perception, Attitudes, and Values.* Prentice-Hall, New Jersey.

Tuomi-Nikula, Helena (1981): *Käytösopas.* Weilin+Göös, Tampere.

Utrio, Kaari (1987): *Evas Töchter. Die weibliche Seite der Geschichte.* Rasch & Röhring, Hamburg, Zürich.

Utrio, Kaari (1985): *Venus. Naiskauneuden tarina.* Tammi, Helsinki.

Vuorenjuuri, Martti (1967): *Sauna kautta aikojen.* Otava, Helsinki.

Waltari, Mika (2013): *Michael der Finne.* Kuebler Verlag, Lampertsheim.

Watts, Sheldon J. (1984): *A Social History of Western Europe 1450–1720. Tensions and Solidarities among Rural People.* Hutchinson University Library, Essex.

Weber, Max (1965): *Die protestantische Ethik und der Geist des Kapitalismus.* Mohn, Gütersloh.

Westermarck, Edward (1939): *Christianity and Morals.* Macmillan, New York.

Winston, Robert (2002): *Human Instinct. How Our Primeval Impulses Shape Our Modern Lives.* Bantam, London.

Wirilander, Kaarlo (1974): *Herrasväkeä: Suomen säätyläistö 1721–1870.* Suomen historiallinen seura, Helsinki.

Wolf, Eric R. (1986): *Die Völker ohne Geschichte. Europa und die andere Welt seit 1400.* Campus, Frankfurt a. M.

Wright, Lawrence (1960): *Clean and Decent: The Fascinating History of the Bathroom and the Water-Closet.* Routledge & Kegan Paul, London.

Ari Turunen, 1966 in Helsinki geboren, arbeitete zwanzig Jahre lang als Wissenschaftsjournalist für verschiedene Medien. Heute hält er Vorträge zu kulturgeschichtlichen Themen an Hochschulen und schreibt Beiträge für den Rundfunk. Seine Bücher analysieren humorvoll die Kuriosa westlicher Kulturgeschichte. Bei Nagel & Kimche erschien 2015 mit großem Erfolg *Kann mir bitte jemand das Wasser reichen? Eine kurze Geschichte der Arroganz.*

Markus Partanen, 1963 geboren, arbeitete als Kulturredakteur für die öffentlich-rechtliche Rundfunkanstalt Finnlands und produzierte Dokumentarsendungen zur Kulturgeschichte. Heute ist er Produzent für alle Jazz-Programme der Rundfunkanstalt. Er publizierte ein Buch über finnischen Jazz.

Gabriele Schrey-Vasara studierte Finno-Ugristik und lebt in Helsinki. Sie übersetzte vor allem Krimis und Sachbücher und erhielt 2008 den staatlichen finnischen Übersetzerpreis.